훈민정음은 어떻게 만들어 졌는가

훈민정음은 어떻게 만들어 졌는가

초판 인쇄	2024년 10월 16일
초판 발행	2024년 10월 25일
지은이	김순기
발행인	조현수
펴낸곳	도서출판 가온누리
기획	조영재
편집	문영윤
마케팅	최문섭
교열 · 교정	이승득
본사	경기도 파주시 광인사길 68, 201-4호(문발동)
물류센터	경기도 파주시 산남동 693-1
전화	031-942-5366
팩스	031-942-5368
이메일	provence70@naver.com
등록번호	제396-2022-000130호
등록	2022년 8월 17일

정가 23,000원
ISBN 979-11-989504-2-0 (03700)

훈민정음은

어떻게 만들어 졌는가

김순기 지음

가온누리

　대한민국 국보 1호는 무엇인가? 이 질문의 답은 남대문으로
알려져 있긴 하지만, 진정으로 국보 1호의 자격이 있는 것은 무
엇인가? 라고 질문하면, 대부분 『훈민정음 해례본』이라고 대답
한다고 한다. 나 역시 그렇다.

　나는 보성중학교에 이어서 보성고교를 다녔다. 보성고교는
간송 전형필 선생이 이사장으로 계셨었고, 그의 아들인 전성우
선생이 교장으로 계셨다. 전형필 선생은 1940년, 훈민정음 해례
본의 가치를 간파하고 이를 고가로 사들여, 철저히 보관하였고,
마침내는 간송미술관에 보관한 바로 그 주인공이다.

　나는 영산김(영동김)씨 장수파(長水派)이다. 우리 집안에 전해지
는 족보, 즉, 永山金氏大同譜에, 4세(世) 김훈(金訓)의 가계도가 기
록되어 있고, 장남 김수성(金守省) 및 3남 김수온(金守溫)에 대한 기
록이 가장 많은 지면을 차지하고 있다. 그 대동보에서 金守省은
집현전 학사로서 세종의 총애를 받았다는 기록이 있다(集賢院學
士, 得寵於世宗). 나는 막연한 의문을 품고 있었고, 언젠가는 이에
대한 진실을 알아보자고 하여, 관련된 책을 구해서 놓았고, 자료
도 정리하고 있었지만, 일의 진척은 더뎠다. 그동안, 각계에서 주
장하는 信眉(신미)의 업적도 듣고, 나랏말싸미 영화도 보고, 책도

읽고, 속리산 복천사에 이어 오대산 상원사도 방문하였지만, 막연히 수수께끼를 풀어야겠다는 생각만 있을 뿐이었다. 신미 대사는 영산김씨 5세이고 나는 23세이니 18세(世)의 차이로, 계산하자면 552년 먼저 태어나신 분이다.

2년 전, 보성고 최광호 동문의 주도하에 식혜방(識慧房)이 만들어졌다. 식혜방은 각 분야에서 일했던 전문가들이 있는 일종의 집단지성 모임으로, 중고교 때, 같이 겪었던 경험이 공감과 추억을 불러일으키고, 각자의 노력 여하에 따라서는 매우 효과적인 학문적 토론이 가능하다. 매주 또는 격주 수요일 오후 8시에 한 시간여 온라인 토론으로 진행되는데, 처음의 주제는 각 개인이 남은 삶에서 진정으로 추진하고 싶은 일을 발표하자는 것이었다. 일종의 버킷 리스트로서, 1시간 남짓 발표할 만한 내용이면 좋은 것이었다. 인터넷이므로, 장소의 제약을 뛰어넘어 경향 각지에서 참석할 수 있었고, 실제로 미국과 호주에서도 접속하여 참석하곤 했다.

이 모임에서 나는 의사로서 건강 관련 주제로 몇 번 발표하였다. 어느 날 내가 진정으로 추진하고 싶은 다른 것이라면 훈민정음 창제의 비밀이라는 것을 밝혔다. 그리고 여기서 훈민정음 창제와 관련된 주제를 발표하였을 때, 비상한 관심을 끌며, 방장을 비롯한 동창들로부터 적극적으로 추진하라는 격려를 받았다. 한편으로는 책임을 완수하라는 압박으로도 느껴졌다. 나 역시 고교(高校)나 문중(門中) 둘 다 나와 연관이 있으므로 나에게 딱 맞는 적합한 일이라고 생각했다.

나는 중3 때 자유교양 경시대회에서 고전 읽기로 수상한 적도 있었고, 고교 진학 후, 문과반(文科班)이 되어, 중학교에 이어 계속 설악산인(雪嶽山人) 김종권 선생께 한문을 배웠는데, 이 지식이 큰 도움이 되었다. 나는 형님의 권유로 의과대학에 입학하여 의사가 되긴 했지만, 2020년 인하대학교 의과대학 정년퇴임 후, 안양시 보건소장으로 일하게 된 것은 또 하나의 새로운 경험이고 도전이 되었다.

나는 심한 근시로, 안경을 쓰고 다니는데, 생활에 불편한 적이 많았지만, 경전이나 논문의 깨알같이 작은 글자는 안경을 벗으면 글자가 다 보이므로, 눈 나쁜 것이 오히려 축복인 셈이었다.

꼭 문중의 일이라 하여 열심히 한다는 것보다는 역사의 진실을 밝히는 것이야말로 중요한 일이라고 생각한다. 그간 훈민정음 창제와 관련된 책자의 발간은 영산김씨 문중에서보다는 오히려

훈민정음은 어떻게 만들어 졌는가

다른 사람들이 하였다. 그런 노력은 이 책의 곳곳에 설명되어 있다. 진실을 밝히려는 일념에서 열과 성을 다한 그들의 노력에 경의를 표한다.

우리 영산김씨 장수파(長水派) 역시 정례적으로 문중 모임을 하고 시제를 지내왔다. 나는 이런 모임에 훈민정음 창제 시, 우리 조상이 어떤 역할을 하였는지 밝혀보겠다고 제안하여, 씨족(氏族)의 고향인 영동(永同)에서 직접 발표할 기회도 가졌다. 단순히 조상의 제사만 지내는 것보다는 남는 에너지를 조상과 관련된 업적을 발굴하고 기념하는 사업도 해보자는 취지였고, 당연히 우리 문중의 첫째 작업은 훈민정음 창제와 관련된 조사와 문화유적 답사로 정해졌다. 모두들 필자의 제안에 흥미를 느끼고 협조해 주었다. 이런 기회로 다 같이 축제의 장(場)이 된 것 역시 즐겁고 바람직한 성과였다고 생각한다.

역사에서 진실을 밝히는 것은 아무리 강조해도 지나치지 않을 것이다. 역사가 에드워드 카는 『역사란 무엇인가?』란 책에서, "역사란 역사가와 그의 사실들 사이의 지속적인 상호작용의 과정이며, 현재와 과거 사이의 끊임없는 대화이다." 그런 면에서 『조선왕조실록』은 엄청난 보고의 역할을 했다. 이 책의 많은 내용이 실록의 내용을 토대로 작성되었고, 인용되었다. 실록에 실린 한자 원문은 대체로 인용하지 않았는데, 내용이 많아지기도 한데다가, 인터넷 검색으로도 간단히 찾을 수 있기 때문이기도 하다.

한문을 읽고 해석하는데, 대개 친절한 번역과 주석이 많은 도움이 되었다. 우리나라 각 분야의 인프라가 잘 되어있다는 것을 느끼곤 한다. 조선왕조실록이나 많은 문헌이 인터넷을 통하여 쉽게 접근할 수 있었고, 고문헌이나 자료 역시 안양과 서울의 여러 도서관에서 쉽게 검색하여 찾아볼 수 있었다. 마치 둘레길이 잘 조성되어 있는 것처럼, 도서관 자료 이용에도 대한민국의 인프라가 아주 잘 되어있다는 느낌을 받았다.

훈민정음에 관한 내용은 마르지 않는 샘과 같다. 끊임없이 이야기를 제공하고, 많은 흥미와 학문적 관심을 제공하고 있다. 필자 역시 재미있게 일을 시작하고 마무리 지었음을 밝히고, 한편으로는 지금까지 여러 학자와 연구자에 의해 거론되었던 내용을 한데 묶을 수 있었음에 감사를 표한다. 가온누리 조현수 회장과 좋은 인연이 되어, 부족한 졸저를 출판하게 됨은 또 다른 감사이다.

차
례

'훈민정음은 누가 발명하였는가?'라는 문제에 1번과 2번 가운데 답을 선택하시오.

　　① 세종대왕이 단독으로 창제하였다.

　　② 세종대왕이 집단지성과 협력하여 창제하였다.

여기서 2번을 선택하였다면, 그 집단지성은 누구인가?

　　① 집현전 학사들이 주도하였다.

　　② 집현전 학사가 아닌 다른 그룹이 더 주도하였다.

　　주지하다시피 영어의 알파벳은 오랜 시간에 걸쳐서 발전되어 왔다. 페니키아 문자에서 기원한 알파벳은 그리스인에게 전해졌고, 그리스인들은 몇 개의 모음을 추가하여 최초의 알파벳인 그

　　　　　　　훈민정음은 어떻게 만들어 졌는가

리스 문자를 만들어 사용하였다. 그 이후 전 유럽으로 전파되었고, 나라마다 자신들에게 알맞게 변형된 문자가 되었다.

그렇다면 세계 언어에서도 가장 과학적인 언어로 평가되는 훈민정음은 누가 어떤 과정을 거쳐서 만들었을까? 세종대왕 단독으로 창제하였는지, 아니면 집단지성의 협찬을 받아 만들었는지 밝히는 것이 본 글의 목적이다.

그다음 질문이다. 훈민정음 창제에 공헌한 집단지성은 그들의 의도를 알려주는 단서를 남겼을까?
   ① 남겼다.
   ② 남기지 않았다.

I. 서론

조선시대 초기까지만 해도 우리말은 중국말과 너무나 달랐다. 그럼에도 우리말을 기록할 문자가 없었기에 중국의 글자인 한자를 빌려 써야 했다. 하지만 한자 자체가 어려워 소통하지 못하거나, 한자를 응용하여 만든 이두(吏讀), 구결(口訣)이나 향찰(鄕札)을 사용하여도 '몸에 맞지 않는 옷을 입은 듯' 어렵고 불편하였다. 죄인을 다스리는 관리들이 한자나 이두를 오역·오해하여 그릇된 판결이 내려지기도 했다.

훈민정음은 세종대왕(1397~1450)이 직접 단독으로 창제했다는 친제설(親制說)을 주장하는 학자들이 많다(이기문; 임용기; 김슬옹). 훈민정음 서문에서 어제(御製), 즉 임금이 친히 지었다는 표현을 썼다.

훈민정음은 어떻게 만들어 졌는가

"이달에 임금이 친히 언문(諺文) 28자(字)를 지었는데, 그 글자가 옛 전자(篆字)를 모방하고, 초성(初聲)·중성(中聲)·종성(終聲)으로 나누어 합한 연후에야 글자를 이루었다. 무릇 문자(文字)에 관한 것과 이어(俚語)에 관한 것을 모두 쓸 수 있고, 글자는 비록 간단·요약하지만 전환(轉換)하는 것이 무궁하니, 이것을 훈민정음(訓民正音)이라고 일렀다(세종 25/12/30, 1443)."

그리고 거의 3년 후, 『세종실록』 기록에 다음과 같이 기술되어 있다.

"이달에 훈민정음(訓民正音)이 이루어졌다. 어제(御製)에, 나랏말이 중국과 달라 문자와 서로 통하지 아니하므로, 우매한 백성들이 말하고 싶은 것이 있어도 마침내 제 뜻을 잘 표현하지 못하는 사람이 많다. 내 이를 딱하게 여기어 새로 28자(字)를 만들었으니, 사람들로 하여금 쉬 익히어 날마다 쓰는 데 편하게 할 뿐이다."(세종 28/09/29, 1446).

이상의 훈민정음 어제문(御製文)뿐 아니라, 최만리 등에 대한 힐문(詰問)에서 세종은 스스로 훈민정음을 만들었음을 밝히고 있다(이기문, 1974; 임용기 2012; 김슬옹 2019).

그 시대에는 모든 업적을 임금에게 돌리는 관습이 있었긴 하지만, 세종대왕은 장영실의 과학적 업적이나 박연의 음악적 공로에 대하여 인정하고 벼슬을 내렸다. 이런 사실로 유추컨대, 훈민정음 창제자 역시 마땅히 밝히려 했을 것이다. 그러나 『조선왕조실록』에 세종이 친히 지었다는 표현만 있을 뿐, 다른 기록은 발견할 수 없다.

한편으로는 과학을 연구하고 논문을 써본 사람은 단독 창제는 상상하기 어렵다고 주장한다. 왜냐하면 지금껏 모든 학설과 과학의 진보는 점진적으로 단계를 밟아서 이루어져 왔기 때문이다. 아무리 뛰어난 대천재(大天才)라 해도 아무런 문화적 배경이 없이 홀로 우뚝 설 수는 없다. 역사상 그 당시의 시대적 통념을 뛰어넘는, 말하자면 하늘에서 뚝 떨어진 훌륭한 업적이 과연 있었던가? 계보가 있고, 그 계보를 통하여 모방과 창조를 거쳐 정반합(正反合)의 점진적 발전을 해왔다. 아이작 뉴턴은 사과가 떨어지는 것을 보고 그 즉시 만유인력의 법칙을 발견했는가? 실제로 이 법칙은 요하네스 케플러의 행성운동에 관한 법칙, 갈릴레오 갈릴레이의 연구 등을 토대로 20년 후에나 발표되었다.

훈민정음 역시 그 당시의 시대적 상황과 기록으로 봐도 세종대왕 혼자만의 작품이라기엔 납득되지 않는 부분이 너무나도 많다. 훈민정음 해례본에 기록된 창제 원리를 보면 고도의 과학적인 설명이 있고, 음양오행과 천지인 삼재(天地人 三才)의 철학적

훈민정음은 어떻게 만들어 졌는가

인 의미가 부여되어 있다. 훈민정음의 언어과학은 산스크리트어, 파스파 문자와 한자까지 총정리한 과학적인 언어이다. 훈민정음 창제는 당시의 음운 이론에 대한 깊은 이해는 물론 우리말의 짜임새를 분석하고, 음운 체계를 세울 수 있는 능력이 없으면 불가능하다(임용기, 2012). 훈민정음 해례본과 언해본에는 어제(御製)나 친제(親製)란 단어가 없는 것도 사실이다.

〈사진1〉 세종대왕 어진

세종 단독 창제는 제왕의 생활과 관련되어 물리적으로도 도저히 불가능하지만, 범자에 대한 지식에서도 단독으로는 불가능하다는 것이 상식적이다. 당시에는 다양한 과학과 출판이 발달한 시기로, 조선왕조실록에서도 온갖 중요한 사실이 기록되어 있다. 세종대왕은 집현전 학사를 포함한 수많은 신하와 매일 국정을 수행하고 산적한 문제를 해결해야 했다. 그 당시에는 주말인 토, 일요일도 없이 일했다. 중요한 일의 기록은 세종실록에 상세히 기록되어 있다. 아무리 초인적인 왕인들 이런 수많은 일을 소화한 뒤, 훈민정음을 창제할 만큼 시간이 허락되기나 하였을까? 세종이 홀로 훈민정음 연구를 하였다면 무수한 시행과 착오에 관련된 행위들이 조선왕조실록 어디엔가는 기록이 남아 있을 만도 하다. 예를 들어, 대왕은 신하들과 회의 후에 연구실로 가서 언어를 연구하였다든지, 밤늦게까지 언어를 연구하느라 수척한 용안을 보였다든지, 언어를 연습하느라 종이가 흩날렸다든지, 손에 먹물이 묻어있었다든지 등 뭔가 하나라도 증거가 있었을 텐데, 아무 곳에서도 기록이 발견되지 않았다.

세종은 어려서부터 학문을 좋아했고 음운학에 밝았다는 것이 사실이지만, 훈민정음 창제 당시 건강이 좋지 않았다는 것도 엄연한 사실이다. 세종은 만 40세인 세종 19년(1437)부터 당뇨, 두통, 이질 등 병이 심하여 정사를 돌보기 어려웠고, 기력이 쇠하고 기억력도 감퇴했다. 노쇠현상이 일어나 백발이 되고, 당뇨 합병증인 당뇨병성 망막질환을 앓았다. 세종 21년(1439)에는 즉위년부터 지속하던 경연조차 열지 못할 정도로 건강이 악화했

훈민정음은 어떻게 만들어 졌는가

다. 이숭녕 교수는 다음과 같이 주장했다.

> "세종은 훈민정음 창제 당시부터 누적된 신병으로 스스로 숙명적인 난치의 병임을 의식했고 풍증, 고혈압, 갈수증, 당뇨병, 요도 결석, 좌안은 실명에 가까이 되고, 나중에는 때로 수전증, 어눌의 언어장애와 기억력 쇠퇴로 기력을 상실한 점을 들어야 한다. … 그리고 보면, 안질이 훈민정음 제정으로 인한 노고의 결과가 아님은 여기서 뚜렷이 밝혀진다."(『세종대왕의 학문과 사상』, 아세아문화사, 1981:35-37)

연이은 가정 내 불행도 있었다. 훈민정음 창제(세종 25년)에서 반포하기(세종 28년)까지의 3년 동안, 세종 26년에 오자(五子) 광평대군, 세종 27년에 칠자(七子) 평원대군, 그리고 세종 28년에는 소헌왕후를 잃었다. 이런 까닭으로 고도의 집중력이 요구되는 창제작업에 전적으로 몰두하기는 어려웠을 것이다. 아니 이런 역경에서도 훈민정음을 창제하고 반포한 것은 초인적인 리더십의 발휘이고, 국가적으로는 기적 같은 행운이다.

Ⅱ. 본론

1. 역사적 사실

훈민정음에 관한 기록은 세종 25년(1443) 12월에 처음 보인다.

> 이달에 임금이 친히 언문(諺文) 28자(字)를 지었는데, … 이것을
> 훈민정음(訓民正音)이라고 이른다(是月, 上親制諺文二十八字, 其字倣古篆,
> 分爲初中終聲, 合之然後乃成字, 凡干文字及本國俚語, 皆可得而書, 字雖簡要, 轉換
> 無窮, 是謂訓民正音).

훈민정음 창제는 이날 발표되기 전에는 외부에 전혀 알려지
지 않은 것으로 추정된다. 세종 25년 이전에 집현전 학사나 관료
들과 조금이라도 관련되어 있었다면, 곧 알려지고 상소 등을 통

해서 왕조실록에 기록되었을 것인데, 기록이 전혀 없다. 따라서 훈민정음 창제는 철저히 비밀 속에서 진행된 것으로 추측된다. 친히 백성을 위하여 세종대왕이 새로운 문자를 만들었다고 발표하니, 조정은 그야말로 벌집을 쑤신 듯 들끓었다. 집현전 부제학 최만리 등은 두 달 후인 세종 26년(1444) 2월 20일 반대 상소(上訴)를 올린다. 흥미롭게도, 상소문의 첫머리는 훈민정음의 탁월성을 언급하는 것에서부터 시작된다.

> "신(臣) 등이 엎디어 보옵건대, 언문(諺文)을 제작하신 것이 지극히 신묘 하와 만물을 창조하시고 지혜를 운전하심이 천고(千古)에 뛰어나시오나, 신(臣) 등의 구구한 좁은 소견으로는 오히려 의심되는 것이 있사와 감히 간곡한 정성을 펴서 삼가 뒤에 열거하오니 엎디어 성재(聖裁)하시옵기를 바랍니다." (세종 26/02/20, 1444)

> "우리 조선은 조종 때부터 내려오면서 지성스럽게 대국(大國)을 섬기어 한결같이 중화(中華)의 제도를 준행(遵行)하였는데, 이제 동문동궤(同文同軌, 글을 같이하고 법도를 같이함)의 때를 당하여 언문을 창작하신 것은 보고 듣기에 놀라움이 있습니다. 설혹 말하기를, '언문은 모두 옛글자를 본뜬 것이고 새로 된 글자가 아니

라.' 하지만, 글자의 형상은 비록 옛날의 전문(篆文)을 모방하였을지라도 음을 쓰고 글자를 합하는 것은 모두 옛것에 반대되니 실로 의거할 데가 없사옵니다. 만일 중국에라도 흘러 들어가서 혹시라도 비난하여 말하는 자가 있사오면, 어찌 대국을 섬기고 중화를 사모하는 데에 부끄러움이 없사오리까." (중략)

"만약 언문을 부득이 창제하셔야 될 일이라 해도 이는 풍속을 바꾸는 큰일이라, 마땅히 재상으로부터 백료(百僚)에 이르기까지 상의하여 동의하더라도 거듭 생각하여, 역대 제왕에게 물어도 어긋남이 없고, 중국에도 부끄러움이 없고, 백세(百世)에 성인(聖人)을 기다리어서도 의혹이 없는 후에라야 가히 행하실 일이옵니다." (세종 26/02/20, 1444) [집현전 직제학 신석조, 직전 김문, 응교 정창손, 부교리 하위지, 부수찬 송처검, 저작랑 조근 연명(連名)]

"언문은 국가의 급하고 부득이한 일도 아니온데, 어찌 이것을 급하게 하십니까" "학문과 수고에 정진해야 할 동궁(文宗)이 인격 성장과 무관한 글자 만들기에 정력을 소모하는 것은 옳지 못합니다." (세종 26/02/20, 1444)

라는 최만리의 상소에 대한 세종의 대답에서도 문종의 참여가 확인된다.

> "너희들이 이르기를, '음(音)을 사용하고 글자를 합한 것이 모두 옛글에 위반된다.' 하였는데, 설총(薛聰)의 이두(吏讀)도 역시 음이 다르지 않으냐. 또 이두를 제작한 본뜻이 백성을 편리하게 하려 함이 아니하겠느냐. 만일 그것이 백성을 편리하게 한 것이라면, 이 언문은 백성을 편리하게 하려 한 것이다. … 내가 나이 늙어서 국가의 서무(庶務)를 세자에게 맡겼으니, 비록 세미(細微)한 일일지라도 참여하여 결정함이 마땅하거든, 하물며 언문같이 중요한 일에 있어서랴!" (세종 26/02/20, 1444)

『홍무정운역훈(洪武正韻譯訓)』과 『직해동자습(直解童子習)』에 신숙주와 성삼문이 각각 쓴 서문(序文)에 세종과 문종이 함께 훈민정음을 만들었다는 내용이 있다.

> "문종(文宗) 공순대왕(恭順大王)께서 동궁의 관저에 계실 적부터 성인으로서 성인을 섬기며, 음운학에 관계하며 결정하셨고, 보위를 잇고서는 신(臣)들 및 전(前) 판관 노삼(魯參), 현(現) 감찰 권인(權引), 부사직 임원준(任元濬)에게 명하여 거듭 교정을 하도록

하였다."(文宗恭順大王 自在東邸 以聖輔聖 參定聲韻 及嗣寶位 命臣等及前判官臣魯參 今監察臣權引 副司直臣任元濬 重加讎校)[신숙주 『홍무정운역훈(洪武正韻譯訓)』 서문(序文)]

"중국말을 배우는 자가 여러 번 거쳐서 전한 것을 습득하고 전수한 지가 오래되어 맞지 않는 것이 매우 많았다. … 세종과 문종께서 이 점을 염려, 훈민정음을 지으셔서, 천하의 모든 소리를 다 표기하지 못할 것이 없게 되었다."(我東邦在海外. 言語與中國異. 因譯乃通. 自我祖宗. … 我世宗·文宗槪念於此. 旣作訓民正音) (성삼문, 직해동자습서, 『성근보선생집』 권2)

"이 책의 번역은 두 성인(세종·문종)께서 제작하신 묘함이 높이 백대에 뛰어나고, 하늘을 경외하고 국가를 보위하기 위한 지극한 계획이었다. 더불어 성상께서 선왕의 뜻을 잘 계승 발전시킨 아름다움도 역시 지극하다 하겠다."(有以見二聖制作之妙. 高出百代. 此書之譯. 無非畏天保國之至計. 而我聖上善繼善述之美. 亦可謂至矣) (성삼문, 직해동자습서, 『성근보선생집』 권2)

이처럼 훈민정음 창제에는 문종의 도움이 있었다. 세종 친제설을 주장한 서울대의 이기문 교수나 연세대의 임용기 교수 역

훈민정음은 어떻게 만들어 졌는가

시 그 각각의 논문에서 문종만큼은 세종을 도와 창제에 협찬했다고 주장한다(이기문; 임용기). 그렇다면 다른 사람이나 집단지성의 도움은 없었을까?

신숙주는 『홍무정운역훈』 서문에 다음과 같이 기술하였다.

> "우리 세종대왕께서는 운학에 마음을 두시고 깊이 연구하시어, 훈민정음 약간의 글자를 창제하시니, 사방 만물의 소리를 전할 수 없는 게 없었다."(我世宗莊憲大王 留心韻學 窮研底蘊 創制訓民正音 若干字 四方萬物之聲 無不可傳)

여기서 약간자(若干字)란 의미는 훈민정음 전체를 겸손하게 표현한 것인가, 아니면 전체의 훈민정음 문자 중에 일부인 약간의 글자만을 의미하는 것인가? 세종 본인이 자신의 공로를 표현했다면 몰라도, 신하로서는 대왕의 위대한 업적에 대하여 약간의 글자라는 겸양적 표현은 상식적으로 맞지 않는다. 누구보다도 당시의 상황에 대하여 잘 알고 있었을 신숙주가 대왕의 행위를 겸손하게 표현했을 것 같진 않다. 그는 세종이 훈민정음 전체 가운데 일부분을 창제하였다고 고백하였다고도 볼 수 있다.

비친제설(非親制說)에는 세종이 학자들에게 명하여 만들게 하였다는 명제설(命制說)과 세종이 학자들의 협력을 얻어 만들었다는 협찬설(協贊說)이 있는데, 논리적으로 협찬설 쪽임이 분명하다.

20세기 초엽 주시경은 훈민정음 창제에 협찬자들이 있었음을 믿고 있었다(대한 국어문법, 1906). 왜냐하면 이것이 상식적이며 합리적인 추론이기 때문이다. 이숭녕(1958), 강신항(2003) 등은 집현전 학사들의 보필이나 협찬이 있었다고 주장한다(안병희, 2004). 이러한 협찬설은 국내뿐 아니라 외국 학자들 사이에서도 주장되어 왔다[고노 로쿠로(河野六郎), 1989; Ledyard 1966; Burling 1992:404)].

훈민정음 해례본의 판본 글씨는 안평대군이 해서체(楷書體)와 해행서체(楷行書體)로 썼고, 수양대군은 『석보상절』이나 『월인석보』를 직접 훈민정음으로 저술하였으며, 다른 여러 언해 작업에도 관여하였고, 자신의 저서 책머리에 훈민정음 언해본을 실었다. 이는 수양대군과 안평대군 역시 훈민정음 창제 과정에 관여했다는 명백한 증거이다. 한편, 『죽산안씨 대동보』에 의하면 정의공주(貞懿公主, 1415~1477)가 변음(變音)과 토착(吐着)을 풀어냄으로써 고유어를 한글로 표기할 수 있게 되었다는 기록이 있다. 조사(助詞)와 어미(語尾)를 어설픈 한자로 쓰던 걸 쉬운 한글로 쓰게 된 것이다. 따라서 넓은 의미의 협찬자는 이들까지 확대하여 포함할 수 있겠다.

"세종이 우리말이 문자로 중국과 상통하지 못하는 것을 걱정하여 훈민정음을 제정하기 시작하였다. 그러나 발음을 바꾸어 토를 다는 것, 즉 변음토착(變音吐着)을 여러 대군에게 풀게 하였으나 답을 얻지 못하였지만, 정의공주가 곧 풀어 바치니, 세종이 크게 칭찬하고 특별히 노비 수백 명을 내려주었다."(世宗憫方言不能以文字相通 始製訓民正音 而變音吐着 猶未畢究 使諸大君解之 皆未能 遂下于公主 公主卽解究以進 世宗大加稱賞 特賜奴婢數百口). (『죽산안씨 대동보』 원문 중)

그렇다면 이들 외에 협찬한 자들이 집현전 학사인가? 많은 사람들은 집현전 학사들이 창제에 관여했다고 교육받아 왔다. 그러나 그들이 훈민정음 창제에 기여한 기록은 『조선왕조실록』 어디에도 없고, 반대한 기록은 넘쳐난다. 그야말로 '목숨 걸고' 반대했다. 집현전 학사들의 도움을 받았다면 이들이 반대상소문을 올릴 까닭이 없다.

"세종께서 처음 언문을 창제하실 때 신기한 생각과 예지(叡智)가 백왕(百王)에 뛰어나셨는데, 집현전의 모든 선비들이 말을 모아 불가(不可)하다 아뢰었고, 심지어는 상소를 올려 극론(極論)하는 자까지 있었다. 세종께서는 공(최항)과 신숙주 등에게 명하여 그 일을 맡게 하여 『훈민정음』과 『동국정운』 등의 책을 만들게 하니, 우리 동방의 말과 소리가 바로잡혔는데, 비록 규모와 조치(措置)는 모두 예지(睿旨)를 받은 것이지만 공의 협찬 또한 많았다."(英陵初制諺文 神思叡智高出百王 集賢諸儒合辭陳其不可至有抗疏 極論者 英陵命公及申文忠公叔舟等 掌其事作訓民正音東國正韻等書 吾東方語音始正雖規模措置皆稟 睿旨而公之協贊亦多) (서거정 최문정공비명 병서, 국역 태허정집. 徐居正 崔文靖公 碑銘 並書)

당시 조선의 정치적, 문화적 상황으로 볼 때 훈민정음 창제는 예사로운 일이 아니었다. 성리학(性理學)을 주축으로 한 조선의 지배계층은 오랫동안 한자와 한문의 특권을 누려왔다. 성리학을 지향하는 지식인들에게 한자·한문은 삶이자 죽음이었다. 그들에게 한자와 다른 문자의 창제는 정치적으로는 특권의 상실을, 문화적으로는 중국으로부터의 일탈을 의미하는 심각한 문제였다. 요컨대 양반의 권위와 중국을 섬기는 사대(事大)에 대한 도전이었다. 집현전 부제학 최만리 등의 상소는 이것을 지적하고 있다.

"예로부터 9주(州) 안에서는 따로 문자를 만든 일이 없었고 몽고, 서하, 여진, 일본, 서번은 자기 나라의 글자가 있었지만, 모두 오랑캐의 일이라 언급할 가치조차 없습니다. … 이제 따로

훈민정음은 어떻게 만들어 졌는가

언문을 만들어 중국을 버리고 스스로 오랑캐에 동화된다면 문명의 큰 누(累)가 되는 것입니다." (세종 26/02/20, 1444).

"만약에 언문이 통용되면 관리될 자가 오로지 언자(諺字)만을 익히고 학문을 돌아보지 않아 관리가 갈려서 둘이 될 것이요, 후진(後進)이 모두 언문으로서 입신(立身)하게 될 것이니, 열심히 성리학을 공부할 까닭이 있겠습니까?" (세종 26/02/20, 1444).

그들은 기성 질서의 무너짐, 가치 체계의 뒤집힘을 두려워하였고, 훈민정음 창제를 반대하였다. 일례로, 세종은 "만일 언문으로 『삼강행실(三綱行實)』을 번역하여 민간에 반포하면 어리석은 남녀가 모두 쉽게 깨달아서 충신·효자·열녀가 반드시 무리로 나올 것이다."라고 하교(下敎)했더니, 정창손(鄭昌孫)이 글을 올렸다. "『삼강행실(三綱行實)』을 반포한 후에 충신·효자·열녀의 무리가 나옴을 볼 수 없는 것은, 사람이 행하고 행하지 않는 것이 사람의 자질(資質) 여하(如何)에 있기 때문입니다. 어찌 꼭 언문으로 번역한 후에야 사람이 모두 본받을 것입니까?" 이에 대하여 세종은 "이따위 말이 어찌 선비의 이치를 아는 말이겠느냐. 아무짝에도 쓸데없는 용속(庸俗)한 선비이다." 대답하면서, 결국 이들(최만리, 신석조, 김문, 정창손, 하위지, 송처검, 조근)을 의금부에 가두었다가 이튿날 석

방했고, 정창손을 파직(罷職)시켰고, 김문을 다시 심문하라고 명하여 벌을 내렸다. 이는 세종처럼 관대하고 균형감각을 가진 대왕으로서는 파격적인 조치요, 형벌이었다!

『훈민정음 해례본』맨 마지막 부분인 페이지 60~66에 정인지가 쓴 근서(謹書)에서도 세종이 훈민정음을 만든 후에 집현전 학사들에게 응용하게 한 것으로 되어 있다.

"세종 25년(1443) 12월, 우리 임금께서 정음(正音) 28자를 창제하여, 예의(例義, 해례본의 앞부분으로, 자음자와 모음자의 음가와 운용 방법에 대해 풀이한 부분을 이르는 말)를 들어 보이시며 그 이름을 훈민정음이라 하셨다(癸亥冬 我殿下創制正音二十八字, 略揭例義以示之, 名曰訓民正音)."

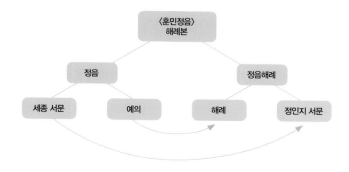

〈그림 1〉 훈민정음 해례본의 구조 (김슬옹, 훈민정음, p.109)

훈민정음은 어떻게 만들어 졌는가

분명히 훈민정음은 집현전이 아닌 다른 곳에서 창제돼 세종께서 가지고 왔다는 사실을 확인시켜 주고 있다.

"… 천지인(天地人)의 뜻과 음양 기운의 신묘함을 갖추지 않은 것이 없다. 스물여덟 자로 끝없이 바꿀 수 있어, 간결하면서도 요점을 잘 드러내고, 정밀한 뜻을 담을 수 있으면서도 두루 통할수 있다." "슬기로운 사람은 하루아침이 다 가기도 전에, 어리석은 사람이라도 열흘 안에 배울 수 있다." "글을 쓸 때 글자가 갖추어지지 않은 바가 없으며, 어디서든 두루 통하지 못하는 바가없다. 바람 소리, 학 울음소리, 닭 소리, 개 짖는 소리도 적을 수있다. 드디어 임금께서 상세한 풀이를 더하여 모든 사람이 깨우치도록 명하시었다. 이에 신(臣) 정인지는 최항, 박팽년, 신숙주, 성삼문, 강희안, 이개, 이선로 등과 함께 여러 가지 풀이와 보기를 지어서, 그것을 간략하게 서술하였습니다."

"그 깊은 연원과 정밀한 뜻이 묘연하여 신(臣) 등은 능력을 발휘한 것이 아닙니다. 훈민정음을 짓는다는 것은 어떤 조사(祖師)도술회하지 못합니다(若其淵源精義之妙 則非臣等之所能發揮也 正音之作無所祖述也). 바라건대 이 책을 보는 사람은 스승 없이도 스스로 깨치도록 하였습니다."

그들은 근서(謹書)에 이미 한글의 우수성과 탁월성을 언급하였지만, 집현전 학자들이 훈민정음을 함께 창제하였다는 것을 전혀 언급하지 않고, 오로지 세종대왕의 신묘한 업적이라고 말하였다. 『훈민정음 해례본』에 이렇게 분명히 말하는 것으로 보아서, 집현전 학사의 관여는 별로 없었거나, 또는 나중에 훈민정음 응용에 관여한 것으로 판단된다. 프랜시스 후쿠야마는 『역사의 종언』이란 책에서 인간은 자신의 신체를 보존하고자 하는 욕구와 함께 타인으로부터 인정받고 싶다는 욕구가 있다고 역설하였다(후쿠야마). 집현전 학사라고 그런 욕구가 없었겠는가? 훈민정음 창제에 역할을 하였다면 그 암시가 있었을 법도 한데, 어디를 봐도 그런 기록이나 증거가 없다.

집현전 학사들은 너무나도 이타적이어서 그런 명예를 초월한 행동을 보였는가? 그러나 실록에 보면 그들은 자신들의 권력[이른바 신권(臣權)]이 침해되었다고 느꼈을 때, 그들이 보인 반응을 보면 이는 전혀 사실이 아니다. 성군(聖君)이라고 할 수 있는 세종에게 사사건건 대들었다가 처벌을 받았는가 하면, 문종을 아예 무시한 일도 많았다. 문종이 세종의 유훈인 '우국이세…혜각존자'라는 법호를 신미에게 수여할 때, 6개월 이상 조정은 들끓었고, 이때 문종은 엄청난 상소에 시달렸다. 왕의 건강을 챙기는 것보다는 자신들의 신권을 챙기는 것이 우선이었던 것 같다. 문종이 단명한 이유의 하나도 신하들에게 받은 스트레스가 아니었나 생각된다.

집현전 학사들은 누구도 훈민정음 창제의 오묘한 원리를 몰랐다고 고백한다. 항소에 맨 앞장선 최만리의 상소문이 없었더라면 창제에 도움을 준 그룹이 잘못 알려진 채로 남아 있고, 훈민정음 창제 과정은 더욱 미궁으로 빠질 뻔했다. 결과적으로 그는 훈민정음 창제의 일등 공신이 아닌 훈민정음 창제를 밝히는 일등 공신이 되었다. 훈민정음 창제가 공개된 후에 공식적으로는 맨 첫 사업으로 『운회(韻會)』의 번역 사업으로 문종, 수양 및 안평이 감장을 맡았는데, 이들은 이미 정음에 관한 지식을 갖고 있었던 것으로 추정된다. (세종 26/02/20, 1444)

세종은 1447년, 수양대군에게 명하여 훈민정음으로 된 『용비어천가』, 『월인천강지곡』(1449년)을 짓게 하고, 소헌왕후가 승하하자 『석보상절』을 훈민정음으로 짓게 했다. 『석보상절』을 집현전 학자가 아닌 수양대군이 짓도록 한 것 역시 그가 신미와 더불어 훈민정음 창제에 큰 역할을 한 훈민정음에 정통한 실력자로 인정되었기 때문으로 해석하면 자연스럽다. 이처럼 훈민정음 창제 후 글자의 효용성을 시험하기 위해 불교 경전에 근거한 언해본을 찬술하였다는 역사적 기록이야말로 집현전 학사들이 훈민정음을 창제하지 않았다는 것을 의미한다.

훈민정음이 창제된 1443년, 집현전 학사들의 나이는 표와 같다. (나이를 제외하고는 직함, 품계는 모두 1446년의 것이다)

<표 1> 집현전 학사들의 연령과 품계

이름	1443년 나이	직함	품계	문과급제 연도
정인지	47세	예조판서, 집현전 대제학	정2품	1414
최항	34세	응교	종4품	1434
박팽년	26세	부교리	종5품	1434
신숙주	26세	부교리	종5품	1439
성삼문	25세	수찬	정6품	1438
강희안	24세	돈녕부 주부	종6품	1441
이개	26세	행집현전 부수찬	종6품	1436
이선로	20대 중반	행집현전 부수찬	종6품	1438

출처 : 김주원. 훈민정음, 사진과 기록으로 읽는 한글의 역사, p.152

정인지(47세)와 최항(34세)을 제외하면 모두 24~26세의 젊은 학사들이다. 이들이 세종의 훈민정음 창제 사업을 돕기에는 너무 젊었고 관직도 미미했다. 『훈민정음 해례본』이 나온 후, 9년이나 지난 단종 3년(1455)에 간행된 『홍무정운역훈(洪武正韻譯訓)』에서도 신숙주 등은 다음과 같이 고백한다.

"중국을 오가며 바로잡은 것이 많았으나, 운학에 정통한 사람

훈민정음은 어떻게 만들어 졌는가

을 만나 성모와 운모 등을 분별하는 요령을 터득하지 못했다. … 여러 해를 고생하며 노력했으나 겨우 얼마밖에 얻지 못한 까닭이다. 신(臣)의 학문이 얕고 학식이 모자라서 일찍이 깊은 이치를 연구하고 밝히어 임금의 뜻을 현양하지 못했다. 오히려 하늘이 낸 성인이신 세종대왕께서 밝고 넓게 아시지 못하는 바가 없으셔서 성운학의 근원도 밝게 연구, 우리가 밝히지 못한 바를 헤아리고 결정하여 주셨다. … 우리 열성(세종·문종)의 제작의 묘함이 진선진미해서 고금에 뛰어나고, 전하께서 조상의 업적을 이은 아름다움이 또한 조상의 공에 빛이 있게 하는 것이다.”

(洪武正韻譯訓序 보한재집 권15. 박해진 훈민정음의 길, p.310)

〈표 2〉 언문 반대 상소자들의 직함과 품계

이름	1446년 당시 연령	직함	품계
최만리	48세	부제학	정3품
신석조	39세	직제학	종3품
김문	?	직전	정4품
정창손	44세	응교	종4품
하위지	34세	부교리	종5품
송처검	36세	부수찬	종6품
조근	29세	저작랑	정8품

부제학 최만리는 겸직인 정인지의 아래 벼슬이기는 하나, 집

현전의 실제적인 책임자였다. 그는 집현전에서 뼈가 굵은 학자로, 20여 년간 경전과 역사를 강론하고 임금의 자문에 응하였던 것이다(김주원, 『훈민정음』). 훈민정음이 젊은 집현전 신하들과 머리를 맞대어 만들어낸 것이라면, 세종은 이들 집현전 실세들의 반대에 맞서 더 이상 일을 추진할 수 없었을 것이다. 신숙주는 훈민정음 창제 2년 전 집현전에 들어왔지만, 1443년 2월 일본 통신사의 일원으로 일본에 가 1443년 10월 19일에 돌아왔으므로, 훈민정음 창제에 관여할 시간적인 여유가 없었다. 신숙주와 성삼문의 요동 파견은 훈민정음 창제 이듬해인 1444년 이후의 일로서, 세종이 지시한 『운회』의 번역과 『동국정운』의 편찬 사업과 관련된 것이지, 훈민정음의 창제 과정과는 관계가 없다. 한편, 김수온은 1441년 과거에 급제한 후 집현전에서 사서(史書)의 추역(抽繹)을 담당하고 있었다. (성종 8/09/05, 1477)

　훈민정음 창제 후, 후속 사업에 관여한 집현전 학자로는 대표적으로 성삼문과 신숙주였다. 그들은 『훈민정음 해례본』의 마지막 정인지 후서(後序)에도 이름이 올려져 있고, 『동국정운』 및 『홍무정운』의 역훈(譯訓)에 참여하였고, 중국어 학습을 위한 한자음을 정리한 역학자(譯學者)이기도 하다. 여기서 우리는 통합의 정치를 위한 세종대왕의 혜안을 엿볼 수 있다. 갓 창제된 훈민정음을 효과적으로 활용하기 위하여 많은 학자를 참여하게 한 것

　　　　　　　　　　훈민정음은 어떻게 만들어 졌는가

이다.

『동국정운(東國正韻)』 서문에서 신숙주는 "신(臣)들(신숙주, 최항, 성삼문, 박팽년, 이개, 강희안, 이현로, 조변안, 김증)은 재주와 학식이 얕고 짧으며 학문 공부가 좁고 비루하매, 뜻을 받들기에 미달(未達) 하와 매번 지시하심과 돌보심을 번거로이 하게 되겠삽기에, 이에 옛사람의 편성한 음운과 제정한 자모를 가지고 합쳐야 할 것은 합치고 나눠야 할 것은 나누되, 하나의 합침과 하나의 나눔이나 한 성음과 한 자운마다 모두 위에 결재를 받고, 또한 각각 고증과 빙거를 두어서, 이에 사성(四聲)으로써 조절하여 91운(韻)과 23자모(字母)를 정하여 가지고 어제(御製)하신 『훈민정음』으로 그 음을 정하여서, … 옛 습관의 그릇됨이 이에 이르러 모두 고쳐진지라," 라고 고백하였다. 여기서도 어제(御製), 즉 임금께서 지으셨다고 언급한 것으로 판단컨대, 자신들은 창제에 관여하지 않았다는 것이다.

세종이 최만리를 힐책하면서, "그대는 『운서』를 아느냐? 사성과 칠음을 알며, 자모가 몇인지 아느냐? 만일에 내가 저 『운서』를 바로잡지 않는다면 그 누가 이를 바로 잡겠느냐?"라고 자신 있게 말할 수 있었던 배경에는 다음과 같은 신숙주의 평가가 있다.

"오히려 하늘이 내신 성인(聖人) 세종대왕께서 밝고 넓게 아시지 못하는 바가 없는 결과로 성운학의 근원도 밝게 연구하시어 (우리가 밝히지 못하는 바를) 헤아리시고 결정해 주심에 힘입어서 성모(칠음)와 운모(사성)를 배열한 하나의 경(經), 하나의 위(緯)로 하여금 마침내 돌아가도록 하였습니다. 우리 동방에서 1100년 동안 아직 알지 못하던 바를, 열흘이 못 되어 공부할 수 있게 되었으니, 진실로 능히 되풀이하여 깊이 생각하여 여기에서 소득이 있다면 성운학인들 어찌 연구하기가 어렵겠습니까?" (『홍무정운역훈』

서문, 강신항(2003:35); 김주원 훈민정음 p.73)

신숙주는 저서 『보한재집(保閑齋集)』에서 왕이 28자를 만들고 언문이라고 했다고 전한다. 궁중에 기관을 설치하고 문신을 선발해 책을 편찬하게 했는데, 공이 혼자 내전을 드나들었다. 훈민정음 창제 1년여 후(『세종실록』 107권, 세종 27년 1월 7일) 신숙주, 성삼문, 손수산 일행을 요동으로 보내어 한자음을 바로잡도록 『운서』를 질문하여 오게 함에 따라, 그들은 그해 봄부터 10여 차례에 걸쳐 요동에 귀양 온 음운학자 황찬을 방문하였다.

세종께서 여러 나라가 각기 글자를 제정하여 자기 나라 언어를 기록하고 있는데, 유독 우리나라만 없으므로 자모(字母) 28자를 제정하여 이름을 언문이라 하고, 서국(書局)을 금중(禁中)에 설치하고 문신(文臣)을 선택해서 찬정(撰定)하게 하였다. … 세종께서 또 언문 글자로써 화음(華音)을 번역하고자 하여 한림학사 황찬(黃瓚)이 죄를 지어 요동에 유배되었다는 말을 듣고 공(公, 신숙주)에게 명하여 조경사(朝京使)를 따라 요동에 들어가서 황찬을 만나서 질문하게 하였다. 공(公)은 말만 들으면 문득 해득하여 털끝만큼도 틀리지 아니하니, 황찬은 크게 기이하게 여겼다. 이로부터 요동에 다녀온 것이 무릇 13번이었다. (世宗以諸國各製字, 以記國語. 獨我國無之 御製字母 二十八字, 名曰諺文. 開局禁中, 擇文臣撰定. 公獨出入內殿, 親承睿裁, 定其五音淸濁之辨, 紐字偕聲之法. 諸儒守成而已. 世宗又欲以諺字飜華音. 聞翰林學士黃瓚以罪配遼東. 命公隨朝京使入遼東 見瓚質問. 公聞言輒解, 不差毫釐. 瓚大奇之 自是往返遼東凡十三. 『續東文選』 卷二十, 申叔舟 文忠公 묘비명; 『보한재집』 권11 부록 행장)

주상께서 우리나라 음운이 중국어와 다르지만, 아·설·순·치·후·청탁·고하가 중국과 같지 않음이 없으며, 열국이 각자의 문자가 있어 그 나라 말을 기록하는데, 오직 우리나라만 없으므로, 언문 자모 28자를 직접 지으시고, 궁중에 국을 설치하고 문신을 택하여 찬정토록 하였는데, 공(公, 신숙주)이 실로 주상의 선택을 받았다. 우리나라 어음(語音)이 잘못되어 올바른 운이 전해지지 않았다. … 황찬을 만나 음운을 질문하게 하였다. … 이때부터 요동을 왕래한 것이 무릇 13차례였다. 〔上以本國音韻與華語雖殊, 其牙舌唇齒喉淸濁高下, 未嘗不與中國同. 列國皆有國音之文. 以其國語, 獨我國無之. 御製諺文字母二十八字, 設局於禁中, 擇文臣撰定. 公實承睿裁. 本國語音, 註僞正韻失傳. 時適翰林學士黃瓚 以罪配遼東. 乙丑春, 命公隨入朝使臣入到遼東, 見瓚質問音韻. 公以諺字飜華音, 隨問輒解, 不差毫釐. 瓚大奇之 自是往還遼東. 凡十三度. 保閑齋集 卷 十一附錄 行狀(晉山 姜希孟 撰)〕

이상의 내용에서 신숙주와 성삼문은 훈민정음이 창제된 이후에 우리 한자음과 중국 한자음의 정리와 음역에 공헌하였고, 이 결실은 1447년 『동국정운』 편찬, 그리고 1455년 『홍무정운역훈』의 완성으로 나타났다.

이러한 여러 노력이 있었지만, 유신(儒臣)들의 일반적인 분위기는 훈민정음 사용에 부정적이었고, 이러한 기조는 매우 일관되게 유지되었다. 유신들은 훈민정음을 창제하기 위하여 세종 28년(1446년)에 설치한 집현전(集賢殿) 안에 두었던 특별 관청인 정음청(언문청)을 문종 즉위년인 1450년에 혁파(革罷)하라고 장황하고 끈질기게 거듭 상소를 올린다. (문종 즉위년 10/28 및 11/01, 1450)

훈민정음은 어떻게 만들어 졌는가

문종이 대답하길, "정음청은 일찍이 설치되어 폐단도 없는데 왜 들먹이는가?" (문종 즉위년 10/18, 1450)

경연에서 강(講)이 끝나자, 동지경연사 대사헌 안완경(安完慶)이 아뢰기를, "주상께서 일찍이 신 등에게 이르시기를, '정음청의 주자를 이미 주자소에 환부(還付)하였다.'고 하여, 명(命)을 듣고 실로 기뻐하였는데, 다시 들으니 그 반을 정음청에 남겨두어 긴요하지 않은 책을 모인(模印)하고, 대군으로 하여금 감독하게 한다고 하므로, 신 등은 그윽이 미혹합니다. 예부터 인군은 사(私)가 없고 반드시 유사(有司)에게 붙여 책임지고 이루게 하였을 뿐입니다. 또 전날의 교지를 가볍게 고칠 수가 없으니, 청컨대 빨리 혁파하소서." 하니, 임금이 말하기를, "정음청은 내가 설치한 것이 아니다. 대군들이 서적을 인쇄하고자 하여, 이 때문에 가서 감독하는 것이다. 나는 일상의 일이라고 생각하였기 때문에 이를 금지하지 않았다. 요즈음 헌부에서 대신들이 여러 번 불가하다고 말하므로, 내가 이를 혁파하고자 하나, 그러나 지금 『소학(小學)』을 인쇄하는데 끝내지 못하였으니, 끝마치기를 기다려 혁파하겠다." 하였다. … (문종 즉위년/11/01, 1450)

수양대군이 서울을 비운 사이, 조정을 장악한 신하들은 정음청부터 없애려 하였고, 결국 정음청은 단종 즉위년인 1452년에 혁파되었다(단종 즉위년 11/02, 1452). 그 상소문이 빗발치던 당시엔 정음청에서 불경만 간행된 것이 아니고, 유교의 계통인『소학』을 찍고 있었다. 유학자들은 백성이 한글 글자로 깨우치는 것을 반대하였다.

> "경문(經文)을 찍어서 궁중(宮中)의 부녀와 환시(宦寺)로 하여금 모두 쉽게 깨칠 수 있게 한다니, 듣는 자가 놀라지 않을 수 없습니다. 예부터 인주(人主)가 궁중에서 은밀(隱密)히 하는 일은 외간(外間)에서 알지 못하는 것이라고 생각하여, 마침내 속으로는 실상 이를 좋아하면서도 겉에서는 정대(正大)한 것처럼 말하다가 천고(千古)에 비웃음을 남긴 자가 많습니다." (문종 즉위년 10/30, 1450)

그들은 마르틴 루터가 독일 민중이 읽을 수 없는 라틴어 성경을 독일어로 번역한 것을 꺼린 유럽의 가톨릭 성직자처럼 우민정책을 지지하였다. 유럽에서나 조선에서나 기득권은 일반 백성이 깨어나는 걸 반기지 않았나 보다.

옛날에는 글자는 통치자나 종교 지도자의 것으로, 글자를 안다는 것은 일종의 권력을 쥐고 있는 특권이었다. 통치를 위해서는 피통치자, 즉 대다수의 국민이 글자를 모르는 편이 낫다고 생

훈민정음은 어떻게 만들어 졌는가

각했다. 조선 세종 시대의 관료들은 이런 전통적 생각을 가졌으나, 세종은 그러한 시대정신에서 과감하게 벗어나서 어리석은 백성에게 글자를 만들어주겠다고 생각한 것이다. 이것이야말로 시대를 뛰어넘은 획기적인 생각이었다. (김주원, 『훈민정음』)

집현전 학사들의 관여 유무는 훈민정음 반포 후에 간행된 책을 보아도 알 수 있다. 조선은 유교국가라 한글 창제 실험용 책도 당연히 유교적인 내용이어야 했다. 한글이 백성들에게 인정받고 사용되기 위해서는 조선 건국의 이념인 유교 경전을 한글로 번역함으로써 새로운 글자의 정당성을 증명하는 일이 필요했을 것이다. 실제로 세종은 새 문자 창제를 통해 불교와 유학을 동시에 보급하겠다는 목적을 가졌던 것 같다. 대왕은 훈민정음 반포 후 유교의 경전인 사서(『논어』, 『맹자』, 『대학』, 『중용』)의 언해를 김문(金汶), 김구(金鉤) 등에게 지시하였으나 실행이 되지 않았다. 세종이 1420년 설치한 집현전에서는 경전과 역사의 강론을 하게 하고, 중요한 서적의 편찬에 동원하였지만, 어찌된 일인지 유교 경전의 언해는 시행되지 않았다. 훈민정음으로 번역할 만한 실력자가 없었거나 언해를 기피한 것인지도 모른다. 유교를 숭상하는 성리학의 시대에 가장 중요한 『사서삼경』이 언해·간행되지 못한 것은 아이러니한 일이 아닐 수 없다.

교정청은 1470년(성종 1년)에 『경국대전(經國大典)』의 수정·간행을 진행하면서 처음 설치되었고, 1485년(성종 16년)에 최종적으로 『경국대전』이 간행되었다. 교정청은 법전 이외에도 서적이나 왕실 보첩, 전례서 등을 제작할 때 설치되었는데, 1585년(선조 18년)에 소학과 사서의 번역에 대한 교정을 위해 설치되었고, 사서(『논어』, 『맹자』, 『대학』, 『중용』)의 언해는 훈민정음 반포된 지 140여 년이 지난 1590년(선조 25년)에야 간행되었다.

> 지난 갑신년에 교정청(校正廳)을 설치하여 문학 하는 선비들을 모아 사서삼경의 음석(音釋)을 교정하고 아울러 언해(諺解)를 달도록 하였는데, 이때에 이르러 모두 마쳤다. 당상낭청(堂上郎廳) 등에게 차례로 논상(論賞)하고 태평관(太平館)에서 어주(御酒)와 1등 풍악을 하사하였다. 이튿날 좌찬성(左贊成) 이산해(李山海) 이하가 입궐하여 전(箋)을 올려 사은(謝恩)하였다. (선조 21/10/29, 1590)

훈민정음을 반포하고 제일 먼저 한 일은 『석보상절』, 『월인천강지곡』 등 불교 경전의 언해였다. 국가에서 그토록 이단시하는 불교 경전을 먼저 언해한 이유는 무엇이었을까? 조선 백성의 정서가 아직 불교적이었던 점도 있었겠지만, 당장 불경을 훈민정음으로 번역할 만한 학자들이 있었기에 가능하였으리라. 세조는 즉위 후에 간경도감을 설치하여 신미가 이를 주도하도록 한다. 여기서 불경 원전 31종 500권, 불경 언해본 9종 35권을 편찬하였고, 이 책들은 후세에 중요한 유산이 되었다. 신미가 한글 창제에 관여하지 않았다면, 훈민정음이 아무리 배우기 쉬운 문자라 해도 어떻게 그 많은 불경을 단기간에 언해할 수 있었을까?

세종대왕 사후 집현전 학사들은 한글을 "통시 글"이라고 멸시해서 불렀는데, 이는 화장실에 앉아서 자음·모음을 맞추어 글이 다 읽힐 정도로 쉬운 글이란 뜻도 있지만, 멸시적인 의미도 있다. 때로는 암글이라 하여 부녀자들이나 쓰는 것이라고 폄훼하였다. 그들이 각고하여 만들었다면 스스로 한글을 멸시했겠는가?

2. | 『훈민정음 해례본』 및 『언해본』에 나타난 증거

　전 세계 문자 가운데 언어 창제에 관한 기록이 책으로 남아 있는 것은 한글이 유일하다. 그 책이 바로 『훈민정음』으로 한글을 만든 사람, 만든 시기, 만든 원리와 용례 등이 밝혀져 있다. 훈민정음은 한문으로 쓴 『훈민정음 해례본』과 우리말로 풀어쓴 『훈민정음 언해본』 두 가지가 남아 있다.

　1940년, 문화재 수집가인 간송 전형필 선생이 국문학자이자 한문학자인 김태준(1905~1945)으로부터 얘기를 듣고, 발견자인 이용준에게 달려가 매입하였다. 경북 안동시 와룡면 어느 고택에서 발견되었는데, 간송은 요구하는 금액인 1,000원의 10배를 주고 사들였는데, 당시 기와집 한 채가 1,000원 정도였으니, 기와집 10채 값이다. 6.25 전쟁이 발발하자 간송 선생은 이 『훈민정음 해례본』을 가슴에 품고 다녔으며, 잠을 잘 때는 머리맡에 두고 잤다고 한다. 이 『해례본』은 1962년에 국보 70호로, 1997년 유네스코 세계기록 유산으로 등재되었다.

〈사진 2〉 간송 전형필 선생

〈사진 3〉 간송박물관 전경

1443	〈훈민정음〉 창제	세종대왕
1446	〈훈민정음〉 해례본	세종 외 8인
494년 뒤 1940	〈훈민정음〉 해례본 발견 소장	이용준 간송 전형필
516년 뒤 1962	[국보] 70호 지정	대한민국	22년 뒤
551년 뒤 1997	[세계기록유산] 지정	유네스코	37년 뒤
556년 뒤 2002	[100대 한글문화유산 1호 지정	문화관광부	62년 뒤

〈그림 2〉 간송본의 역사적 자리매김도 (김슬옹, 훈민정음 p.105)

『훈민정음 해례본』은 훈민정음 28자의 문자를 설명한 해설 서로, 33장으로 이루어졌다. 책은 크게 두 부분으로 구성되어 있는데, 세종의 서문(御製序文)과 예의(例義)가 앞에 있고, 이어서 훈민정음 해례(解例)가 있다.

훈민정음은 어떻게 만들어 졌는가

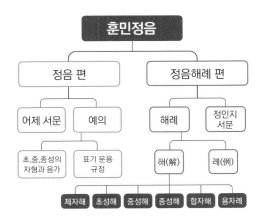

〈그림 3〉『훈민정음 해례본』의 구성 (김주원, 『훈민정음』에서 인용)

서문에 기록된 한자 글자 수는 108자의 절반인 54자로, 언해본에 기록된 한자와 똑같다. 54란 숫자는 불교에서 중요한 숫자로 54주(珠)는 보살의 수행을 상징하는 의미가 있다.『훈민정음 해례본』의 어제 서문 및 예의에 출현하는 한자의 글자 수는 정확히 108자이다(박병천, 2016; 김슬옹, 2023 『훈민정음 해례본과 언해본의 탄생과 역사』, p.270).『훈민정음 해례본』구입 당시에는 하마터면 107자로 알려질 뻔했다. 표지와 맨앞 두 장이 찢겨나가 없었지만, 다행히 사진에서와 같이『조선왕조실록』에 수록되어 있고, 언해본도 있어서, 이를 바탕으로 소실된 부분을 복원했다. 그런데 서문의 맨 마지막 글자인 이(耳, 뿐이라)를 의(矣, 이니라)로 잘

못 복원했던 것을 나중 이(耳)로 바로잡았고(欲使人人易習 便於日用矣 --> 欲使人人易習 便於日用耳), 결국 출현 한자 수는 108자로 바르게 되었다. 『조선왕조실록』에서 왕의 말씀이 54자가 아닌 53자로 기록되어 있는데, 이는 마지막 문장 '欲使人人易習 便於日用耳'에서 인인(人人, 사람마다, 사람들)을 인(人) 한 글자로 기록했기 때문이었다. 필자는 이 낙서(落書)가 의도적이라기보다는 잘못 빠뜨린 것으로 생각한다.

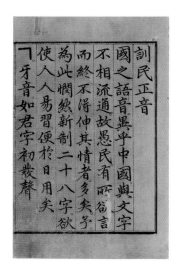

〈사진 4〉 간송본이 발견될 때의 때의 첫째 장

훈민정음은 어떻게 만들어 졌는가

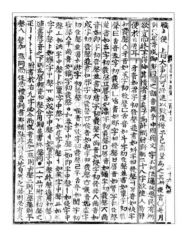

〈사진 5〉세종 서문이 수록된 조선왕조실록   〈사진 6〉세종 서문이 수록된 조선왕조실록
1446년 9월 29일(김슬옹, 훈민정음 p.82)   1443년 12월 30일(김슬옹, 훈민정음 p.85)

    불교에서 108은 집착으로부터 일어나는 108가지 마음의 갈등(백팔번뇌)을 나타내며, 인간의 감각기관에서 비롯되는 고민의 총합으로, 이를 극복하는 것이 수행의 중요한 목표로 여겨진다. 육근(六根)이란 감각기관과 육진(六塵)이란 감각 대상이 서로 마주칠 때 육식(六識), 즉 6가지 깨달음이 일어난다. 육근은 눈·귀·코·혀·피부·뜻(眼·耳·鼻·舌·身·意, 안·이·비·설·신·의). 육진은 색깔·소리·냄새·맛·촉감·법(色·聲·香·味·觸·法, 색·성·향·미·촉·법)이다. 속리산 복천암으로 가는 도중에 있는 이뭣고(是甚麼) 다리를 지나면서 묻는 화두(話頭)처럼, 육근이 육진을 만나면(6 x 6 = 36) 36 번뇌가 생긴다.

〈표 3〉 한자 가짓수 108자

1	2	3	4	5	6	7	8	9	10	11	12
訓(1)	字(37)	終(3)	新(1)	用(3)	快(1)	齒(4)	穰(2)	成(1)	民(2)	不(2)	得(1)
13	**14**	**15**	**16**	**17**	**18**	**19**	**20**	**21**	**22**	**23**	**24**
制(1)	耳(1)	業(2)	即(2)	復(1)	左(1)	正(1)	相(1)	伸(1)	二(2)	矣(1)	舌(4)
25	**26**	**27**	**28**	**29**	**30**	**31**	**32**	**33**	**34**	**35**	**36**
慈(1)	連(1)	加(2)	音(22)	流(1)	其(1)	十(1)	牙(3)	斗(1)	侵(2)	下(2)	一(1)
37	**38**	**39**	**40**	**41**	**42**	**43**	**44**	**45**	**46**	**47**	**48**
國(2)	通(1)	情(1)	八(1)	如(34)	覃(2)	戌(1)	則(5)	點(2)	之(3)	故(1)	者(1)
49	**50**	**51**	**52**	**53**	**54**	**55**	**56**	**57**	**58**	**59**	**60**
使(1)	君(2)	吞(2)	邪(1)	輕(1)	去(1)	語(1)	愚(1)	多(1)	人(2)	初(26)	那(1)
61	**62**	**63**	**64**	**65**	**66**	**67**	**68**	**69**	**70**	**71**	**72**
喉(3)	合(2)	上(1)	異(1)	有(1)	予(1)	易(1)	發(23)	脣(5)	把(1)	同(2)	無(1)
73	**74**	**75**	**76**	**77**	**78**	**79**	**80**	**81**	**82**	**83**	**84**
乎(1)	所(1)	爲(2)	習(1)	聲(43)	瞥(2)	虛(1)	附(2)	平(1)	中(12)	欲(4)	此(1)
85	**86**	**87**	**88**	**89**	**90**	**91**	**92**	**93**	**94**	**95**	**96**
便(1)	並(7)	步(1)	洪(2)	右(1)	入(1)	與(1)	言(1)	憫(1)	於(2)	書(10)	漂(1)
97	**98**	**99**	**100**	**101**	**102**	**103**	**104**	**105**	**106**	**107**	**108**
半(2)	凡(1)	促(1)	文(1)	而(3)	然(1)	日(1)	蚪(1)	彌(1)	閭(1)	必(1)	急(1)

이러한 36 번뇌는 과거에도, 현재에도, 미래에도 끊임없이 유전하므로, 36에 과거·현재·미래의 3을 곱하여 108번뇌가 되는 것이다. 한자 가짓수를 108자로 맞춘 것은 『훈민정음 해례본』이 철저한 기획과 편집에 의해 만들어진 것이라는 것이다.

훈민정음은 어떻게 만들어 졌는가

〈사진 7〉 이뭣고 다리

108이란 숫자에 집착한 것은 세종의 명복을 비는 불사가 계속될 때도 있었고, 세조 때도 승도 108명에게 의발(衣鉢)을 시주하였던 기록이 있다.

> 좌부승지 이숭지(李崇之)를 대자암에 보내어 불사(佛事)를 베푸는 것을 감독하게 하였다. 15일부터 세종을 위하여 크게 도량(道場)을 베풀고 추천하였는데, 승도 108명이 의발(衣鉢)을 시주하고 5일 만에 파하였다. (문종 1/02/17, 1451)

> 세조 3년 5월 17일 승도(僧徒) 108인을 흥천사에 모아 기우(祈雨)하다. 그 다음 날 비가 내리고, 세조는 기뻐하여 108인에게 포

상하였다. (세조 3/05/28, 1457). (김광해, 『한글창제와 불교신앙』)

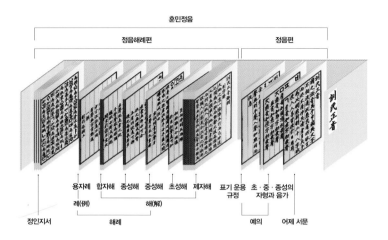

<그림 4〉 훈민정음 해례본의 구조 (김슬옹 훈민정음, p.81)

　『훈민정음 해례본』은 어제 서문 및 예의가 7면에 걸쳐 있고, 해례는 제자해, 초성해, 중성해, 종성해, 합자해, 용자례, 정인지 근서가 9면에서 66면에 걸쳐 있다. 안평대군이 글씨를 쓴 『훈민 정음 해례본』은 33장(66면)으로 이루어져 있고, 8페이지는 빈 면 이어서, 의도적으로 33장을 만들었을 것이라는 합리적 의심이 든다. 사찰에서 조석(朝夕)으로 종을 칠 때 그 횟수는 28번과 33 번인데, 하늘의 28수(宿)와 불교의 우주관인 33천(天)을 상징한

　　　　　　　　　　훈민정음은 어떻게 만들어 졌는가

다. 종을 33번을 치는 이유는 중생을 제도하기 위한 의미가 있다. 훈민정음의 창제와 반포의 의미는 백성을 깨우치고 중생을 구제하기 위한 숫자로도 설명할 수 있는 것이다. 매년 12월 31일 자정이면 서울 종로에 있는 보신각의 종을 울리는데, 이때의 타종수(打鐘數) 역시 서른세 번으로, 이 종소리가 도리천(33천의 인도말 음역)에 널리 울려 퍼져 국태민안(國泰民安)하고 모든 중생이 구제받기를 기원하는 의미가 담겨 있다. 그러므로 훈민정음 창제 당사자들 가운데 불교에 정통한 불교 신자가 포함되었다고 결론지을 수 있다(金光海, 『한글창제와 불교신앙』). 이렇듯 신미를 포함한 집단지성은 훈민정음 창제에 얽힌 수수께끼를 신비한 방법으로 마련해 놓은 것이다.

『훈민정음 해례본』의 구성에서 제자해(制字解), 초성해(初聲解), 중성해(中聲解), 종성해(終聲解), 합자해(合字解) 각각의 끝에 "결왈(訣曰, 맺어줘, 이르되)"이라는 표현에 이은 칠언절구 게송(偈頌)을 지어놓았다. 게(偈)는 범어 Gatha의 음역(音譯)이고, 송(頌)은 한시의 일종으로, 게송은 불교적 교리를 시가(詩歌)로 표현한 찬불가의 형태에서 유래한 것이고, 통일신라 때부터 이어진 선시(禪詩) 형식이다(박해진, 『훈민정음의 길』, 2019). 이를테면, 제자해 끝부분에 다음과 같은 결왈 표현이 나온다.

訣曰 (결왈) ,

天地之化本一氣 (천지지화본일기) 陰陽五行相始終 (음양오행상시종)

物於兩間有形聲 (물어량간유형성) 元本無二理數通 (원본무이리수통)

正音制字尙其象 (정음제자상기상) 因緣之厲每加劃 (인연지려매가획)

요약하여 이르되,

천지(天地)의 조화는 본래 하나의 기운이니 음양오행(陰陽五行)이
서로 처음이 되며 끝이 되네.

만물이 천지지간(天地之間)에 꼴과 소리 있으되, 근본은 둘이 아
니니 리(理)와 수(數)로 통하네.

정음(正音) 글자 만들 때 주로 그 형상을 본뜨니, 소리 세기에 따
라 획을 더하였네.

    새로운 문자 원리를 산문으로 설명하고, 이를 다시 운문(韻文)
으로 요약하는 방법을 쓰고 있는데, 이는 불경(佛經)의 교설(敎說)
을 나눈 12가지 방법 중 두 번째인 기야(祇夜, geyya, 重頌)에 해당된
다. 같은 내용에 대해 표현의 형식을 달리해서 다시 설명한 칠언
절구(七言絶句) 게송의 편찬방식은 내용에 대한 이해를 돕고, 전달
효과를 높이기 위해 불교의 경전 찬술 방식을 따른 것으로 보인
다(박종국, 1976; 김무봉 2015). 시문(詩文)이 매우 품격 있고 아름답다!

이로써 훈민정음 해례본의 설명 방법은 불경 편찬의 방식과 일치한다. 고려시대 이래 널리 애독(愛讀) 애송(愛誦)해 왔던 불경의 편찬방식을 해례본의 설명에 사용한 것이다.

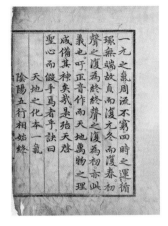

〈사진 8〉『훈민정음 해례본』 게송 있는 부분의 사진, 제자해.
(문자 원리를 산문으로 설명하고, 단원 마지막에 게송으로 요약함.)

누가 이런 시문을 썼는가? 이건 훈민정음 창제 원리에 통달하면서도 시적 감수성이 있으며, 불경 편찬의 방식에 익숙한 사람만이 할 수 있는 것이다. 집현전 8학사 중 누구인가? 『조선왕조실록』을 보면 유신들은 불교를 이단(異端)으로 몰아붙이고, 부처를 불씨(佛氏)라고 격하해서 불렀고, 승려를 공격한 예가 많았다. 동국대 정우영 교수는 송나라 때 성리학을 집대성한 『성리대전(性理大全)』이나 유교 경전 어디에서나 이런 칠언고시 형태의 결왈(訣曰) 표현을 찾을 수 없다고 밝혔다. 필자 역시 많은 유교경전을 찾아보았으나, 이런 형식을 발견할 수 없었다. 따라서 불교적 표현과 법수가 넘치는 『훈민정음 해례본』을 숭유억불에 철저한 집현전 학사들이 썼다고 생각할 수는 없다. 아니, 이런 형식을 깨달았더라면 엄청나게 반대했을 것이다.

실제로 『성리대전』은 1415년 중국 명나라에서 간행된 송나라 성리학 이론을 집대성한 책이다. 『사서대전』 및 『오경대전』과 함께 3대 저서로, 1419년 조선에 들여왔다. 세종은 1428년 이 책을 읽고 집현전 응교 김돈에게도 읽어볼 것을 권하는 등, 경연에서 계속 읽게 하였으며, 『성리대전』을 강의하기도 했고(세종 14/02/06, 1432), 그 후에도 많은 토론이 이루어졌다. 『성리대전』은 『훈민정음 해례본』의 제자해 다음 내용을 고찰할 때, 큰 영향을 미쳤을 것이다(김주원, 『훈민정음』).

"천지의 도(道)는 오직 음양오행일 뿐이다. 이 원리를 이용해서 만든 역(易)의 괘도에서는 곤(괘)과 복(괘) 사이가 태극이 되고, 이 태극이 동(動)하면 양(陽), 정(靜)하면 음(陰)이 되는 것이다." (이하 생략) (훈민정음, 제자해) (김주원, 『훈민정음』, p.80)

본문(어제 서문 및 예의 부문)은 페이지(半葉)마다 유계[有界(1면)] 7행 11자이고, 해례는 1면 8행 13자로 차이가 나고, 책 끝머리의 정인지 근서는 한 글자 내려서 시작하여 12자이다(안병희, 1993; 김무봉, 『훈민정음, 그리고 불경 언해』). 안평대군이 직접 쓴 글씨체도 본문은 해서체(楷書體)이고, 해례 부문은 해행서체(楷行書體)이다. 이는 불교 경전에서 경(經)과 본문의 주소(注疏)가 함께 있을 경우, 주소의 행을 경 본문과 달리하고, 주소 전체를 한 글자씩 내려서 쓰는 등 본문과 주석을 다르게 다루어왔던 전통적 방법으로, 불전류(佛典類)의 책에서 어렵지 않게 볼 수 있다.

〈사진 9〉 훈민정음 해례본 첫장
(1면이 7행 11자)

〈사진 10〉 훈민정음 해례본 제자해 첫장
(1면이 8행 13자)

종성해(4개), 합자해(25개), 용자례(94개)에 등장하는 123개 어휘는 대부분 당시의 민중이 일상생활에서 쉽게 접할 수 있는 단어들이거나 흔히 사용하던 어휘로서, 이 책의 편찬이 얼마나 세심한 고찰과 깊은 사려의 결과로 이루어졌는지 알 수 있다(김무봉, 2015). 이는 세종만의 단독 저술이라기보다는 다양한 경험을 쌓은 집단지성의 협찬이 있었다면 쉽게 수긍이 간다.

『훈민정음 해례본』의 중성자(中聲字) 설명에 들어있는 '설축(舌縮, retraction of the tongue root)'이라는 용어는 500년이 지난 현대 언어학에서 연구가 진행되었는데, 모음조화를 설명하는 방법이기도 하다(김주원, 『훈민정음』 p210-211). 'ㆍ, ㅡ, ㅣ'의 음성적 특징을 '설축, 설소축, 설불축'으로 설명한다. '설축'은 '혀뿌리가 뒤쪽으로 후퇴하는' 모음의 조음적 특성을 말하는 것으로서, 'ㅣ'에서는 '설불축'의 상태로 있다가 후설 쪽으로 갈수록 '축'의 정도가 증대된다. 모음조화는 '설축'의 모음은 '설축'의 모음끼리, '설소축'의 모음은 '설소축'의 모음끼리 어울리는 현상이라고 할 수 있다. 예를 들어, 우를 다소 길게 발음하고, 그 뒤에 오를 발음해 보면, 혀뿌리가 뒤로 움츠러듦을 알 수 있다. 결국 현대 언어학에서 발표되는 연구들보다 500년이나 앞선 획기적인 설명이다. '어머니'의 발음 역시 모음조화 아닐까? 언제 불러도 쉽게 다가갈 수 있는 발음이다. 반면 '아버지'는 어머니보다는 선뜻 다가서기가 조금은

껄끄러운 발음이 아닌가? '어머나' 하면 '어머'보다 좀 더 놀라는 강조의 의미가 보이지 않는가?

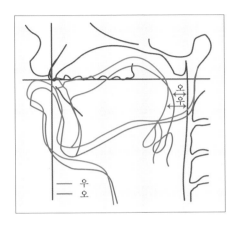

〈그림 5〉 모음 '우'와 '오'를 발음할 때의 혀뿌리 모양 (김주원, 훈민정음)

　　정인지(1396~1478) 서문(序文)으로 알려진 『훈민정음 해례본』의 맨 마지막에 있는 내용은 근서(謹書)란 단어로 끝나므로, 서문이라기보다는 꼬리말이나 맺음말이라고 해야 더 적절한 표현일 것이다. 글은 전반적으로 한 글자씩 내려서 쓰고 있다.

　　"… 우리말은 중국 말과 달라서 한자를 빌려서 쓰고 있지만, 마치 모난 자루를 둥근 구멍에 끼우는 것과 같이 불편하다. … 임금께서 스물여덟 자를 창제하여, 간략하게 설명한 '예의'를 보여주시며 훈민정음이라 하셨는데, 간명하고 정치(精緻)하여서 모든 소리를 적을 수 있다. … 슬기로운 사람은 하루아침이 다 가기도 전에, 슬기롭지 못한 사람도 열흘 안에 배울 수 있다. … 임금의 명을 받아서 집현전 신하들이 여러 가지 풀이와 보기를 지었다. … 임금의 지혜로 자연의 원리를 따라서 지은 것으로 임금은 하늘이 내신 성인(聖人)이다. …"

『훈민정음 언해본』이 맨 앞에 실린 『월인석보(月印釋譜)』에는 유독 다른 책들과는 다르게 각 권의 장수(張數)가 기록되어 있었는데, 바로 1권의 면수가 108면이라고 분명하게 기록으로 명시해 놓았다. 책을 끊어야 하지 않을 부분에서 글을 일부러 끊어, 제1권의 면수를 의도적으로 108이 되도록 조절하였다! 그리고 『월인석보』 맨 앞에 실린 『훈민정음 언해본』에 세종의 어지(御旨)는 한글이 총 108자이고, 한자는 54자이다. 이에 대해서는 김광해 교수가 『한글 창제와 불교 신앙』이란 논문에서, 의도적으로 숫자를 줄여서 108자와 54자로 만들었다고 밝힌 바 있다. 앞에서도 설명한 것처럼, 불교에서 108이란 숫자는 신성한 숫자이고, 108자를 맞추기 위한 의도적인 글자 수 조절이 분명하기에, 더 이상 우연에 의한 것이었다고 말할 수는 없을 것이다.

훈민정음은 어떻게 만들어 졌는가

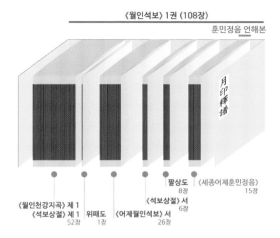

〈그림 6〉『월인석보』 권1(108장)의 구성(김슬옹, 훈민정음 p.263)

〈표 4〉『훈민정음 언해본』에 있는 어지(御旨) 한글 108자

1	2	3	4	5	6	7	8	9	10	11	12
나	·랏	:말	ᄊᆞ	·미	中듕	國·귁	·에	달	·아	文문	字·짱
13	14	15	16	17	18	19	20	21	22	23	24
·와	·로	서	ᄅ	ᄉᆞ	ᄆᆞᆺ	·디	아	·니	ᄒᆞᆯ	·ᄊᆡ	·이
25	26	27	28	29	30	31	32	33	34	35	36
런	젼	·ᄎᆞ	·로	어	·린	百·ᄇᆡᆨ	姓·셩	·이	니	르	·고
37	38	39	40	41	42	43	44	45	46	47	48
·져	·홇	·배	이	·셔	·도	ᄆᆞ	·ᄎᆞᆷ	·내	제	·ᄠᅳ	·들
49	50	51	52	53	54	55	56	57	58	59	60
시	·러	펴	·디	:몯	ᄒᆞᇙ	·노	·미	하	·니	·라	·내
61	62	63	64	65	66	67	68	69	70	71	72
·이	·ᄅᆞᆯ	爲·윙	·ᄒᆞ	·야	:어	엿	·비	너	·겨	·새	·로
73	74	75	76	77	78	79	80	81	82	83	84
·스	·믈	여	·듧	字·짱	·ᄅᆞᆯ	밍	·ᄀᆞ	노	·니	:사	롬

85	86	87	88	89	90	91	92	93	94	95	96
:마	·다	:히	·예	:수	·빙	니	·겨	·날	·로	·뿌	·메

97	98	99	100	101	102	103	104	105	106	107	108
便뼌	安한	·킈	ᄒᆞ	·고	·져	욿	ᄯᅩ	ᄅᆞ	·미	니	·라

〈표 5〉『훈민정음 언해본』의 세종 서문 한자 54자

國之語音, 異乎中國, 與文字不相流通, 故愚民有所欲言,

而終不得伸其情者多矣.

予爲此憫然, 新制二十八字, 欲使人人易習便於日用耳

(국지어음, 이호중국, 여문자불상유통, 고우민유소욕언,

이종부득신기정자다의.

여위차민연, 신제이십팔자, 욕사인인이습편어일용이)

수의 개념은 『주역』에서도 상당히 중시되었는데, 주역 계사전 상(上)의 예를 보면, "천수(天數)는 25, 지수(地數)는 30으로, 무릇 천지의 수는 55이다. 이것으로 변화를 이루어 귀신을 부른다." 이처럼 주역에서는 수를 가지고 우주 안의 모든 사물과 현상, 시간의 변화를 해석하였는데, 불교에서 중시하는 숫자들, 즉 28, 33, 54, 108과는 다르다.

최만리의 훈민정음 창제 반대 상소문에는 언문 27자로 되

훈민정음은 어떻게 만들어 졌는가

어 있는데, 정인지 근서(謹書)에는 28자로 늘어나 있다. 최시선은 『훈민정음 비밀코드와 신미대사』 책에서 자음 17자와 모음 11자를 합한 28자 역시 불교적 의미를 가질 것이라고 주장한다. 한글의 제자(制字)가 처음부터 단번에 체계적으로 되었다기보다는 많은 방안이 제기되어 폐기되고 수정되는 우여곡절이 있었다고 생각된다(안병희, 1993).

28수(宿)는 별과 관계된 숫자로, 하늘을 깨운다는 뜻이 있다. 불교에서는 중생이 윤회하는 세계를 욕계(欲界, 6계), 색계(色界, 18계), 무색계(無色界, 4계)의 3계 28천(天)이라고 한다. 영화 〈나랏말싸미〉를 연출한 조철현 감독의 설명처럼, 훈민정음은 법수인 28자의 자모(子母)를 가지고 33장으로 제본된 바, 불심(佛心)이 가득한 편집·간행의 행위라고 설명할 수 있을 것이다.

앞에서도 인용했듯, 세종실록 1443년 12월 30일 기록에 "… 글자는 비록 간결하면서도 요점을 잘 드러내고, 전환무궁(轉換無窮)하니, 이것을 훈민정음이라 한다." 이를 계산으로 해보면, 표e에서 보이듯, 엄청나게 많은 조합을 만들 수 있다. 계산해보면 받침 없는 글자(19×21=399자)와 받침 있는 글자(19×21×27=11,172자) 합쳐서, 총 11,172자를 만들 수 있게 된다. (김슬옹, 훈민정음 p.167 표 인용).

이러한 모든 형식을 세종대왕 혼자서 지었다는 것은 상식적으로도 생각하기 어렵다. 더구나 숭유억불로 무장된 집현전 학사들이 주역에서 중요한 숫자와는 달리, 불교적으로 성스러운 숫자에 맞추어 편찬했다는 것은 더욱 상상할 수 없다. 여기서 얻는 결론은 『훈민정음 해례본』과 『언해본』은 불교에 정통한 승려를 포함한 집단지성이 주도적으로 참여했다는 것이다.

혹자는 이를 우연의 일치라고 주장할지도 모른다. 이상 언급한 6가지 외에도, 뒤에 설명할 문법적 증거, 범자 관련성, 우국이세 혜각존자 시호를 내린 이유, 그리고 훈민정음 창제 후 유교 경전의 번역이 거의 없었던 것까지 고려하면, 우연의 일치가 적어도 10번 이상 계속된 셈이다. 역사상 이런 우연의 일치가 이어진 예가 과연 있었던가?

훈민정음은 어떻게 만들어 졌는가

3. 동일인의 저서에서 보이는 상반된 맞춤법

『훈민정음 해례본』의 종성해(終聲解)에 다음과 같은 설명이 있다.

> 그러므로 'ㆁㄴㅁㄹㅿ'의 여섯 字는 平上去의 終聲이 되고 그 나머지는 모두 入聲의 終聲이 되나 'ㄱㆁㄷㄴㅂㅁㅅㄹ'의 여덟 字만으로 쓰기에 足하다. 예컨대 梨花가 '빗곶'이 되고 狐皮가 '엿의갗'이 되지만 'ㅅ'字로 通用할 수 있는 까닭에 오직 'ㅅ'字로 쓰는 것과 같다. (所以 ㆁㄴㅁㄹㅿ 六字 爲平上去聲之終而餘皆爲入聲之終也 然ㄱㆁㄷㄴㅂㅁㅅㄹ八字可足用也如빗곶爲梨花 엿의갗 爲狐皮 而ㅅ字可以通用 故只用ㅅ字)

(1) 빗곶, 엿의 갖

(2) 빗곳, 엿의 갓

이기문 교수는 「훈민정음 친제론」이란 논문에서, 해례가 편찬되던 때에 (1)과 같이 쓰자는 주장과 (2)와 같이 쓰자는 주장이 대립되어 있었던 것으로 추측한다. 대립되는 두 세력이 있었다는 것만으로도 세종대왕 혼자는 아니라는 것이다. (1)은 형태음소론 원칙이요, (2)는 표음적 표기로 불리는 실용적인 편법이다. 이 논의에 관한 기록이 전혀 남아 있지 않음이 아쉽지만, 문법적 발달은 옳은 방향으로 진행된 것 같다.

이러한 『훈민정음 해례본』의 종성 편에서 설명한 맞춤법은 『석보상절』과는 같지만 『용비어천가』, 『월인천강지곡』 및 『월인석보』에서의 그것과 다르다(이기문, 한국문화 13; 허웅, 15세기 국어 맞춤법). 해례본에서는 받침에 ㅅ만을 사용하지만, 『용비어천가』 이후의 책에선 종성에 △, ㅈ, ㅊ, ㅍ 등의 맞춤법을 사용하고 있다. 말하자면 『훈민정음 해례본』의 맞춤법 규정이 시간이 지남에 따라 표음적(음소적) 표기에서 형태음소론(形態音素論) 원칙에 맞게 개정된 것으로 보인다.

허웅 교수가 밝혔듯, 1) 형태소의 끝 자음이 음절의 끝에 올 경우, 그 형태의 원형(기본형태)의 꼴을 바꾸지 않는다(예로서, 발, 잎,

훈민정음은 어떻게 만들어 졌는가

낮, 밖, 같고). 2) 형태소의 끝 자음이 소리이음으로 다음 음절의 첫 소리는 나더라도 그것을 그 형태소의 끝음절의 받침으로 한다(예를 들어, 입이, 잎이, 잎을, 옷을, 찾아, 붙어). 그야말로 문법적으로 중요한 두 원리인데, 『훈민정음 해례본』과 맨 먼저 간행된 『석보상절』에는 1)과 2)의 원리가 지켜지지 않았고, 이어서 간행된 『용비어천가』에는 1)의 원리만 지켜졌으며, 더 나중에 간행된 『월인천강지곡』에서는 1)의 원리가 지켜지고, 2)의 원리가 많이 나타나는데, 바로 오늘날 맞춤법의 원리인 형태음소적 표기법이다. 국립한글박물관에 전시된 내용에도 그 설명이 있는데, 종성이 없는 한자음에 'ㅇ' 받침을 쓰지 않기도 하지만, 소리 나는 대로('ㅆ믈') 쓰지 않고 단어의 본래 형태인 '꿈을'로 표기하고 있다.

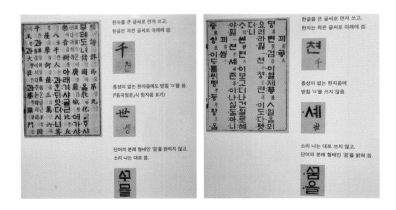

〈사진 11〉 석보상절과 월인천강지곡의 차이 (국립한글박물관)

〈사진 12〉 용비어천가

　　허웅은 『석보상절』이나 『용비어천가』 지은이에 비하면, 『월인천강지곡』을 지은이는 그 형태소의 원형을 밝혀보려는 의욕과 그것을 분석하는 문법적 능력이 훨씬 앞섰으리라고 주장하였다(허웅, 15세기 국어 맞춤법). 『훈민정음 해례본』과 『월인천강지곡』의 저자인 세종이 『해례본』(1446년 9월)에서는 표음적 표기를 하고, 불과 1년 후(1447년 7월)인 『월인천강지곡』에서는 형태음소론적 문법을 표현하였다는 것은 불가능한 일이 아니었을까?

　　이런 문제에 대한 지적은 이기문 교수도 하고 있다.

　　(1) 빗곳, 엿의 갓

　　(2) 빗곳, 엿의 갖(엿의 갗). 『해례본』은 (1) 쪽을 택하였음을 보여준다. 『해례본』이 편찬되던 때에 (1)과 같이 쓰자는 주장과 (2)와 같이 쓰자는 주장이 대립되어 있었던 것으로 추측된다(이

기문, 1974). 그리고 『용비어천가』와 『월인천강지곡』에서는 (2)를 사용하였다.

이기문 교수는 이러한 문법적 차이를 토대로 다음과 같이 주장했다.

"지금까지의 논술을 통하여 우리는 세종이 음운론에서 문법에 이르는 넓고 깊은 연구를 하였고, 그 결과를 제자(制字)와 맞춤법에 반영시켰음을 확인할 수 있다. 그리고 그의 학문이 지극히 이론적인 성향을 띠고 있음도 확인할 수 있다. 여기서 우리는 훈민정음을 창제할 능력이 있는 학자는 세종밖에 달리 없다는 결론에 도달한다."

그러나 같은 논리로서 우리는 다음처럼 주장할 수도 있겠다.

"지금까지의 논술을 통하여 우리는 세종과 집단지성이 음운론에서 문법에 이르는 넓고 깊은 연구를 하였고, 그 결과를 제자(制字)와 맞춤법에 반영시켰음을 확인할 수 있다. 그리고 그들의 학문이 지극히 이론적인 성향을 띠고 있음도 확인할 수 있다. 여기서 우리는 훈민정음을 창제할 능력이 있는 학자들은 일군의 집단지성이며, 세종은 이들을 총지휘하여 문자를 창제하였다는 결론에 도달한다."

　이런 문법적 발전의 과정이 한 사람에 의하여 순식간에 이것저것 시도되었다기보다는 당시의 집단지성이 치열하게 시행과 착오를 거듭한 내용이며 발전 과정이라고 하면 자연스러운 설명이리라. 집단지성이 그 짧은 기간에 그런 많은 언해를 하고 맞춤법 연구까지 했다는데 전율과 경외감을 느낀다. 대왕, 왕자들과 신하들이 서로 머리를 맞대고 이런저런 상의를 하면서 작업하는 광경은 생각만 해도 흐뭇하다.

　신미의 둘째 동생 김수온이 『증수석가본(增修釋迦本)』을 만들었고, 세조가 이를 언해하여 만든 것이 『석보상절』로 알려져 있다. 훈민정음 반포 후 10개월 만에 24권 분량의 『석보상절(釋譜詳節)』이 완성되었고 곧바로 찬불가(讚佛歌)인 600수에 가까운 『월인천강지곡(月印千江之曲)』이 만들어졌다(세종, 신미, 김수온 합작품; 1448년 정초 완간). 김수온 역시 『석보상절』 편찬과 관련된 기록을 70세 가까이 되어서 1477년(성종 8년) 9월 5일에 남기고 있다(박해진, 월인천강지곡, 2021).

　　"저는 세종(世宗)이 재임 중인 세종 23년(1441)에 병과(丙科)에 급
　　제하였습니다. … 저는 백유(白儒)로서, 사서를 집현전에서 추역

　　　　　　　　훈민정음은 어떻게 만들어 졌는가

⑴抽繹⑵하였습니다. 1446년 소헌왕후의 상사를 당하였고, 세조께서 대군으로서 빈전(殯殿)을 모시었습니다. 위로는 부왕의 슬픔을 위로하고, 아래로는 모후의 명복을 비셨습니다. 불법(佛法)의 번선(飜宣)에 의하여 여러 인연의 특수한 것을 삼았습니다. 석씨(釋氏)의 보(譜)를 간정(刊定)하였고, … 대승(大乘)이 전한 것을 고루 상고하였고, 한대에 서역에서 온 불경을 처음 번역하였습니다. 편마(編摩)한 것은 겨우 20권을 만들었는데, 탐토(探討)한 것은 거의 천함(千函)을 두루 하였습니다. 비록 신(臣)의 천박한 자질로도 그 일의 시종(始終)을 맡았습니다. … 수양대군 저사의 막(幕)을 택한 것은 반드시 위장(圍仗)에 가까운 집이어야 하기 때문이었습니다. 고금을 상확하는 것은 신(臣)이 아니면 불가하다 하시고, 경적(經籍)을 토론하는 것도 반드시 신(臣)이라야 얘기하였습니다. 낮은 창문에 띠를 이은 집 두어 칸에 아침저녁 연기가 가득하였습니다. 거적자리에서 종[奴]과 주인[郎]이 함께 거처하였으니, 존비와 예절은 따지지 않았습니다. 낮에는 평상에서 함께 의논하고, 밤에는 서재에서 홀로 잤습니다. 꿈을 꾸면서 잠꼬대를 하는 중에, 대군이 문을 밀치고 들어와서 옷을 흔들면 급히 놀라 외치며 일어났습니다. … 직책은 비록 하료(下僚)로 칭하지마는, 의(義)는 실로 집우(執友)와 같았습니다."

(성종 8/09/05, 1477)

촌음을 아껴서 막(연구실)에서 작업하고 숙식도 해결한 셈이다. 형식보다는 본질과 내용에 충실한 것으로, 오늘날과 비교해 보더라도, 결코 비능률적이지 않았으리라. 오늘날 같으면 일과가 끝나 집에 가기 바쁘고, 교통체증으로 길도 막혀서 작업이 더디었을 수도 있다. 조동일 교수는 다음과 같이 『석보상절』을 평한다.

> "산문으로 된 『석보상절』은 사실 전달에 충실하면서 품위 있고 우아한 산문 문체를 개척한 점이 우선 주목되고, 문장은 길게 이어지면서 혼란이 없고, 기본 줄거리와 곁가지를 적절하게 연결시켜 내용이 풍부해지도록 했다. 자연스러운 대화와 치밀한 묘사도 갖추어 산문을 통한 서사적 표현의 좋은 전례를 마련했다. 한문 경전에서 받아들인 불교 용어를 그대로 내놓지 않고, 작은 글씨로 주를 달아 되도록이면 쉬운 우리말로 풀어 놓은 것은 무척 소중한 시도이다." (조동일 한국문학통사 2. 지식산업사, 1994:295-296)

김수온이 편집한 한문본을 바탕으로 수양은 『석보상절』을 훈민정음으로 언해하였다. 다른 불경의 언해도 『능엄경언해』와 비슷한 과정을 거쳤을 것으로 생각된다. 『월인석보』뿐 아니라 『법화경』, 『선종영가집』, 『사법어』, 『원각경』, 『아미타경』, 『몽산화상법어약록』, 『목우자수심결』, 『반야바라밀다심경약소』, 『금강반야바라밀다경』 등이 훈민정음으로 번역·출간되었다.

『금강경삼가해』는 1448년(세종 30년) 세종의 명으로 번역을 시작했고, 1466년(세조 12년) 간행할 계획이었으나, 세조의 사망으로 뜻을 이루지 못하다가, 학조가 명을 받들어 1482년(성종 13년) 마무리 지었다. 『남명집언해』는 세종이 직접 30여 수의 게송을 언해할 정도로 각별한 애정을 보였으나, 승하하는 바람에 늦추어졌고, 결국 세조의 부인인 자성대비의 명으로 간행되었다. 이러한 모든 책은 국어의 발달을 이해하는데 소중한 자료가 되었음은 주지의 사실이다.

정광 교수는 그의 저서 『한글의 발명』(2015)에서, 『석보상절』은 세종과 협력한 집단지성이 수양대군과 함께 시행한 작업이었으며, 『월인천강지곡』은 세종이 스스로 이 문자로 우리말의 표기를 확인한 것이라고 주장하지만, 『해례본』 및 『석보상절』(수양대군 저서)의 문법보다 훨씬 진보한 표기법을 썼다는 점에서 논리적으로 맞지 않는다. 수양대군 등은 『석보상절』의 언해문이 작성되면 되는대로 그것을 세종(그리고 협찬자들)에게 보였을 것이고, 세종은 그때그때 찬불가인 『월인천강지곡』을 직접 지었을 것으로 판단되는데, 이는 두 책이 거의 동시(同時)인 세종 29년(1447년)에 간행되었기 때문이다.

그동안 많은 연구에 의하면 『석보상절』이 완성되고 나서 방대한 문헌인 『월인천강지곡』이 불과 몇 달 사이에 간행된 것을 불가사의한 일로 보았는데, 집단지성이 힘을 합하여 각각 추진하였다면 자연스럽게 이해가 된다. 실제로 『능엄경언해』 권10 어제발(御製跋) 3, 4장에 기록된 방법을 보자(김무봉, 『훈민정음 그리고 불경언해』). 세종은 1438년 『능엄경』을 읽어보고 나서, 1449년 수양대군에게 번역을 명하였으나, 사정이 여의치 않아서 못 하다가, 1461년 분신 사리가 나타나고, 효령대군이 권유하여 세조는 비로소 번역 작업을 시작하였고, 이를 순서대로 표시하면 다음과 같다.

1. 한문 원문에 구결을 단다. (세조)
2. 구결이 현토된 문장을 확인한다. (혜각존자 신미)
3. 구결이 현토된 문장을 소리내어 읽으면서 교정한다. (정빈한 씨 등)
4. 정음으로 번역한다. (한계희, 김수온)
5. 번역된 문장을 여럿이 서로 비교·고찰한다. (박건, 윤필상, 노사신, 정효상)
6. 예(例)를 정한다. (영순군 부)
7. 동국정운음으로 한자음을 단다. (조변안, 조지)

훈민정음은 어떻게 만들어 졌는가

8. 잘못된 번역을 고친다. (신미, 사지, 학열, 학조)

9. 임금이 보고 번역을 확정한다. (세조)

10. 어전에서 소리를 내어 읽는다. (조두대)

　　적어도 16명이 참여하였고, 마지막 책을 간행하는 것을 포함하면 11단계를 거치게 된다. 이런 과정은 당시의 번역이 얼마나 엄격한 과정을 거쳐서 이루어졌는지 알 수 있게 해준다. 이런 것이 바로 집단지성의 역할과 기능 아니었을까?

　　종교개혁가 마르틴 루터는 500년 전에 그리스어 『신약성경』을 독일어로 번역하였고, 그의 책은 1522년 라이프치히에서 팔리기 시작했다. 그는 신약을 번역한 후에 구약 번역에 착수했는데, 많은 동역자들이 그를 도와주었고, 그의 번역본은 매우 우수하다는 평가를 받고 있다. 루터의 영향을 받은 영국인 윌리엄 틴들은 『성서(聖書)』를 영어로 번역하였으나, 영국교회의 방해로 책은 독일 쾰른에서 출간되었고, 그는 1536년 이단자로 처형되었다. 동양이나 서양이나 이처럼 엄중한 시대였다. 서양의 어떤 나라에 비하여서도 우리나라 군주 세종은 백성을 더 사랑하였던 것이다.

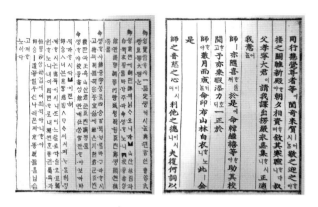

<사진 13> 『능엄경 언해』 번역 과정 및 세조 발문 (박해진 책 p.25 화보 8, 8-1)

태종과 세종은 각각 유교 경서(經書)의 구결의 필요성을 절감하고 사업을 전개한 적이 있었다. 태종 대에 추진된 권근의 삼경 (『시경』, 『서경』, 『역경』)의 구결 원고가 세종 대까지 전해지고 있었다. 세종은 조선의 구결로써 가르친다면 유학의 교육에 유익하다고 판단하여 사서의 구결 사업을 시작했고, 훈민정음 창제 후인 1448년(세종 30년) 3월에 『사서(四書)』의 언해 사업을 추진했다. 『월인천강지곡』과 대비되는 『용비어천가』, 『석보상절』을 포함하는 불교 경전과 대비되는 『사서오경』의 언해는 세종이 바라고 추진했던 쌍두마차와 같은 두 목표였다. 그러나 유교 경전은 구결을 확정하는 단계였고, 결국 완결을 보지는 못했다. 위의 단계를 보면 1단계를 마치고, 2~11단계를 아직 들어가지 못한 것이

훈민정음은 어떻게 만들어 졌는가

다. 공자와 맹자를 그렇게 따르던 수많은 선비 가운데, 정작 『사서오경』의 핵심을 이해하고, 훈민정음으로 번역할 적임자는 거의 없었던 것인가?

세종이 김문, 김구, 최항에게 『소학』과 『사서오경』의 구결을 정하도록 명했다. 서거정도 그들 뒤에 참여하였는데, 최항의 논의가 참신하고 뛰어났다. 모두 최항의 의견을 추대하고, 양보했다.(英陵命臣金汶金鉤及公等 定小學四書五經口訣 居正亦與其後每見諸君講論 同異 公議論發越諸君 咸推讓之) [서거정 최문정공비명 병서 崔文靖公 碑銘 幷序(병서) (국역 태허정집)]

집현전 직제학 김문(金汶)은 과거에 급제하여 성균관에 들어와서 집현전 수찬을 거쳐 직제학까지 승진하였다. 경서(經書)와 자사(子史)를 연구하여 박학다식하면서도 능히 정심(精深)하였다. (중략) 김문(金汶)에게 명하여 사서(四書)를 번역하게 하려 했는데, 중풍(中風)으로 급사하였다. (세종 30/03/13, 1448)

김문이 갑자기 죽었으므로, 집현전에서 상주사(尙州使)가 된 지 반년도 안된 김구(金鉤)를 천거하여, 집현전에서 어명을 받들어 언문으로 『사서(四書)』를 번역하게 하였다(以諺文譯四書). (세종

세조께서 일찍이 "동방의 학자들의 어음(語音)이 정확하지 못하고 구두(句讀)가 분명하지 아니하여, 비록 권근(權近)과 정몽주(鄭夢周)의 구결(口訣)이 있으나, 오류가 오히려 많아 낡은 사상을 가진 쓸모없는 유생과 속된 선비들이 잘못을 전하고 그릇됨을 이어 간다."고 탄식하시면서, 드디어 정인지·신숙주·구종직·김예몽·한계회·최항·서거정 등에게 오경과 사서를 나누어 주시며 옛것을 상고하고 지금 것을 증거하여 구결을 정해서 올리도록 명하였다. (光陵嘗歎東方學者語音不正句讀不明 雖有權近鄭夢周口訣紕繆尚多 腐儒俗士傳訛承誤遂 命臣鄭麟趾申叔舟丘從直金禮蒙韓繼禧及公與臣居正等 分授五經四書考古證수 定口訣以 進) (서거정 최문정공비명 병서 崔文靖公碑銘 幷序(병서, 아울러 서설(序說)을 붙임) 국역 태허정집)

세종은 부단히 사서삼경의 언해 작업을 추진하였으나, 김문이 갑자기 사망하든지 해서 언해에 차질이 생겼음을 알 수 있다. 다른 집현전 학사들이 그 대신 맡을 능력이 되었다면 새로 부임한 지 반년도 안된 김구를 집현전으로 불러들일 일도 없었을 것이다. 세종의 명으로 김문, 김구, 최항 등 당대의 뛰어난 학자들이 참여하여 추진된 언해 작업은 당대에는 결실을 거두지 못한 채 끝났다. 구결에서 시작된 언해작업을 추진하였다는 기록만 있을 뿐, 그 간행한 기록은 보이지 않기 때문이다(안병희 1983).

<표 6> 한자를 포함한 문자표기의 변화

	월인천강지곡 단행본	월인천강지곡(월인석보 내)
在	찌	찡 동국정운식 표기법
글자 크기: 정 精 사 舍	한글이 크다	한자가 크다
표현을 다르게 했다.	白象올 투시고	白象 투시고
	조쫍으니 (앞뒤 사건 연결)	조쫍고 (앞뒤 별개의 사건)
수정	前生애 修行 기프신 文殊普賢돌히	寂滅혼 道場애 法身大士
체언 및 용언 원형 밝히기	형태음소적 표기법	형태음소적 표기법*

*석보상절부: 음소적 표기법

출처 : 고영근 등. 『월인천강지곡의 텍스트 분석』

문종과 단종의 뒤를 이은 세조는 세종의 유지를 받들어 주역부터 구결 사업을 시작하여 1466년(세조 12년) 최항, 신숙주, 양성지 등 집현전 출신 문인과 겸예문직 젊은 학자들의 합작으로 『주역』 구결을 편찬하였다.

만약에 사서삼경의 한 책인 『중용』을 훈민정음으로 번역한다고 가정해 보자.

1. 한문 원문에 구결을 단다.

2. 구결이 현토된 문장을 확인한다.

3. 구결이 현토된 문장을 소리내어 읽으면서 교정한다.

4. 정음으로 번역한다.

5. 번역된 문장을 여럿이 서로 비교·고찰한다.

6. 예(例)를 정한다.

7. 동국정운음으로 한자음을 단다.

8. 잘못된 번역을 고친다.

9. 임금이 보고 번역을 확정한다.

10. 어전에서 소리를 내어 읽는다.

11. 책을 간행한다.

세조나 다른 왕자가 구결을 단다고 해도 언해를 완성하기 위해서는 10단계 과정의 집현전 학사가 더 필요하였을 것이나, 실제로는 시행되지 않았다고 할 수 있다. 왜냐하면 그 당시에는 사서삼경이 언해되지 않았기 때문이다. 세종의 노력에도 불구하고 『사서오경』의 구결 사업은 늦추어졌고, 수양대군이 왕위에 올라 세종의 유훈을 이었지만, 구결까지가 전부였다. 두 왕이 그토록 추진하였다면 언해가 이루어질 만도 했지만, 언해는 140년이 지난 선조 대에서야 이루어졌다. 이런 증거에도 불구하고 집현전 8

훈민정음은 어떻게 만들어 졌는가

학사가 훈민정음 창제에 관여했다고 주장할 수 있을까?

『월인석보』 서(序)에서 세조는 『석보상절』이 『석가보』를 기반으로 하였지만, 다른 많은 경전을 참조하였고, 그 편집과 언해에 10명의 승려, 즉 신미·수미·설준·홍준·효운·지해·해초·사지·학열·학조를 명기하였고, 또한 유학자인 김수온을 명기하였다.

〈사진 14〉『월인석보』

약 460년 후인 1906년, 주시경(1876~1914)은 『대한국어문법』에서 "맞춤법은 본음을 적어야 하며, '맡다'에서 ㅌ을, '깊다'라고 ㅍ을 적는 것은 이것이 본음이기 때문이다."라고 설명했다. 명사 '사람'과 조사 '이'를 함께 적을 때, 소리 나는 대로 적는 음소적 표현인 '사라미'로 적지 않고, 형태 음소적 표현인 '사람이'로 적는 규정과 같은 것이다. 이처럼 세종에서 세조 기간에 걸쳐 변화한 맞춤법 이론은 어원을 밝히려는 현대의 한글 맞춤법의 이론과 일치한다. 이런 이론은 국어학자들의 주장처럼, 국어의 형태음소론을 연구한 학자만이 생각해 낼 수 있는 고도로 이론적인 맞춤법이다. 다른 음소문자인 범자, 티베트어, 파스파 문자의 지식도 필요했을 것인데, 훈민정음 창제자들은 완전한 음소문자를 구상하게 된 것이다. 주시경의 주장 후, 거의 30년이 지난 1933년이 되어서야 한국 맞춤법 통일안으로 정립되었는데, 훈민정음 반포 시에는 이런 발달이 불과 1~2년 사이에 이루어진 일이었다!

〈표 7〉 맞춤법의 차이

	석보상절	용비어천가	월인천강지곡
저자	수양대군(세조)	권제, 정인지, 안지 등	세종
간행연도	1447.7.25	1447	1447.7.25~1449.2.4
#1 원리	X	O	O
#2 원리	X	X	상당히 지켜짐
첫 원리	모몰, 사루미, 소내	밭, 밭과, 잎, 잎도, 밖, 밖도	용비와 같음
둘째 원리	업슬, 빌머그라, 안자	기픈, 노푸시니, 므른, 그를	눈에, 일이시나, 비늘을

세종 당시, 다른 두 맞춤법 규정을 누가 주장하였는지 기록으로 남아 있지는 않지만, 한 사람(세종)이 시기에 따라 맞춤법 구

사를 달리하기보다는 서로 다른 맞춤법 규정을 주장한 그룹이 존재하였을 것으로 추론된다(이기문, 훈민정음 친제론). 그들은 어떻게 하면 훈민정음을 바르고 정확하게 사용할 수 있는지 준엄하게 연구했던 것 같다. 그 그룹에는 세종, 왕자들, 신미를 포함한 승려들, 정의공주, 김수온, 나중에 참여한 성삼문, 신숙주 등 집현전 학사 일부가 포함된 것으로 추정된다.

4. | 동일인의 저서에서 보이는 상이(相異)한 한자 표기법

문법뿐 아니라 한자음 표기에서도 『석보상절』과 『월인천강지곡』에는 차이가 있다. 『석보상절』은 동국정운식 한자 표기로 되어 있어서, 받침이 없어도 종성에 'ㅇ' 받침을 쓰고 있는데, 이는 『훈민정음 언해본』과도 같다. 그러나 세종이 직접 지은 『월인천강지곡』에서는 종성 발음이 없는 한자는 'ㅇ' 받침을 붙이지 않았다. 동국정운식 한자표기가 아니다. 사실 받침이 없는 한자에 일일이 'ㅇ' 받침을 붙인다면 쓰기도 더 손이 가고 읽기도 불편하다. 따라서 동국정운식 한자가 없어진 것은 당연한 시대적 흐름이라고 볼 수 있는데, 세종께서 지은 『월인천강지곡』이 더 발달된 표기법을 가졌다는 것은 논리적으로 맞지 않는다. 바로 치열하게 문법을 연구한 집단지성이 이를 바로잡은 것으로 생각하면 설명이 자연스럽다. 그러면 이 집단지성이 배불숭유로 똘똘 뭉친 집현전 학사들이었겠는가? 유학자들은 그 많은 유교 경전을 놔두고 불교 경전을 애써서 언해·간행했겠는가?

〈사진 15〉 훈민정음 해례본과 언해본의 한자 표기

『석보상절』과 『월인석보』 둘 다 세조가 지은 것으로 알려졌지만, 한자음의 표기가 다른 부분이 있다. 이는 한 사람의 작품이 아니라는 증거이다. 예를 들어 최(最), 기(奇), 장(將), 빈(貧), 파(玻), 투(鬪)는 『석보상절』과 『월인석보』의 표기가 다르다. 논(論)은 『석보상절』에서 거성(去聲)만으로 표기되었는데, 『월인석보』의 의논(議論), 강론(講論)에서는 평성(平聲)인 반면 기신론(起信論), 십지론(十地論)에서는 거성으로 표기되어 있다. 천상(天上)은 『석보상절』

에는 상성으로 표기되었고, 『월인천강지곡』과 『월인석보』에서는 거성으로 표기되었는데, 후대의 문헌인 『능엄경언해』와 『법화경 언해』에서도 거성으로 표기되어 있다. 이런 표기의 차이를 한 사람의 우연한 착오나 변경이라고 할 수 있을까? 정상적인 인지기능을 가진 사람이라면 절대 저지를 수 없는 변경으로, 베토벤의 〈합창 교향곡〉을 처음에는 이런 악보로 연주하고, 다음에는 변경한 다른 악보로 연주하는 것에 비유할 수도 있겠다. 현실 세계에선 감히 상상할 수 없는 일이다.

〈표 8〉 한자 및 문자표기의 변화

	석보상절	월인천강지곡 (월천곡)	월인석보
저자	세조	세종	세조
간행연도	1447.7.25	1447.7.25~1449.2.4	1459.7.7
鬼, 勞, 化	오류	월인석보와 동일 표기	월천곡과 동일 표기
論	거성	議論론, 講論론에선 평성; 다른 곳에선 거성	월천곡과 동일 표기
分	뿐, 분	分분別; 兩分분	월천곡과 동일 표기
上	상성으로 표기	天上의 上을 거성으로 표기	월천곡과 동일 표기
最, 奇, 將, 貪, 玻, 鬪, 塞, 解, 杻, 譯, 聚, 坐	월인석보와 표기가 다름. 앞 6자는 표기 오류		석보상절과 표기가 다름
표기의 일관성	일관성 없음	통일된 표기체계	월인부: 형태음소적 표현
문자의 표기 방법	한자를 먼저 크게, 한글은 작게 음을 달았다.	한글을 먼저 크게, 한자는 작게 썼다.	

훈민정음은 어떻게 만들어 졌는가

『월인천강지곡』 단행본과 『월인석보』 속의 월인천강지곡(월인부로 표기) 사이에도 차이가 있다(고영근 등, 2003. 1). 서로 한자 표기 방식이 다르다. 일례로, 단행본에는 在 쬐인데, 월인부에는 동국정운식 표기법인 찡으로 표기되어 있다. 2) 단행본에는 졍精 사숌로 한자가 나중 작은 글씨인데, 월인부에는 精졍 숌샹으로 한글이 나중 작은 글씨이다. 3) 白象투시고에서처럼 표현을 바꾼 것이 있다. 4) 맞춤법이 상절부는 음소적 표기법이고, 월인부는 형태 음소적 표기법을 보이는데, 그 외에도 차이점이 있다. 그리고 먼저 지은 『석보상절』에는 권차가 다른 경우에는 말할 것도 없고, 같은 권이라도 표기에 일관성이 없는데, 『월인천강지곡』은 통일된 표기체계를 보여주고 있다(고영근 등, 2003). 훈민정음 창제 초기에 시도된 시행과 착오는 점점 개선되어 갔고, 그에 따라 오류도 줄어들었던 것이라면 지극히 자연스러운 설명이리라. 우리는 그 집단지성이 비교적 짧은 시간에 치열하게 문법과 한자 표기 등을 개선해 나간 그 노력과 성과에 경의를 표해야 하지 않을까?

훈민정음과 한자의 표기 방법에서도 다양한 시도(試圖)가 있었다. 『석보상절』에서는 한자를 먼저 크게 쓰고 한글은 작은 글씨로 음을 달았고, 『월인천강지곡』에서는 한글을 먼저 크게 쓰고 한자는 작은 글씨로 달았다. 즉, 한글 위주로 문자를 표기하였고, 한자는 협주(夾註)로 처리하였다. 훈민정음을 먼저 쓴 것은 한자나 이두의 도움 없이도 충분히 독립적으로 사용할 수 있다는 것을 보여준 것일지도 모른다. 이처럼 여러 가지 시도를 한 것인데, 한 사람의 천재가 하였다기보다는 집단지성들이 여러 가지 방법을 시도·표현한 것으로 판단된다.

5. 훈민정음을 만드는데 범자(梵字) 자모를 참고했다는 증거

성현(1439~1504)은 『용재총화』 7권에서 "그 글 자체는 범자(梵字, 브라흐미 문자)에 의해서 만들어졌다."라고 주장하였다. 성현은 학동기에 신미의 동생 김수온에게 수학했고, 26세(세조 10년)에 예문관 관원이 되었으므로, 당시의 사정을 잘 알고 있었을 것이며, 훈민정음 제자(製字) 원리 역시 알고 있었을 것이다. 범자는 산스크리트어(범어, 梵語)를 표기하기 위한 문자로, 6세기 이후에는 범자가 변형되어 실담문자(悉曇文字)가 되었다. 범자 기원설은 당시 선비들 사이에서 회자하던 이야기였음이 분명하다(정찬주, 『천강에 비친 달』, p.220).

세종이 언문청을 설치하여 신숙주, 성삼문 등에게 명하여 언문을 만들었다. 초종성(初終聲)이 8자, 초성이 8자, 중성이 12자이다. 그 자체(字體)는 범자(梵字)에 의지하여 만들었다. … 비록 배움이 없는 부녀자라도 쉽게 깨달을 수 있다. 성인(聖人)이 물건을 만드는 지혜는 사람의 힘으로는 미칠 수 없는 것이다.(世宗設諺文廳。命申高靈成三問等製諺文。初終聲八字。初聲八字。中聲十二字。其字體依梵字爲之。本國及諸國語音文字。所不能記者。悉通無礙。洪武正韻諸字。亦皆以諺文書之。遂分五音而別之。曰牙舌唇齒喉。唇音。有輕重之殊。舌音有正反之別。字亦有全淸次淸全濁不淸不濁之差。雖無知婦人。無不瞭然曉之。聖人創物之智。有非凡力之所及也。용재총화 권7) [신숙주, 성삼문 등(等)의 표현에서 등은 누구를 뜻하는가에 대해선 뒤에 언급하겠다.]

이수광(1563~1628)은 『지봉유설』에서 "우리나라 언서(諺書)는 글자 모양이 전적으로 범자를 본떴다."(我國諺書字樣, 全倣梵字)고 했으며, 황윤석(1729~1791)도 『운학본원(韻學本源)』에서 비슷하게 주장하였다. 문인이자 소설가인 김만중(1637~1692) 역시 『서포만필(西浦漫筆)』에서 언문에 관한 기록을 남겼다(김만중).

"서역의 범어 문자는 초성·중성·종성으로 합해져서 글자를 이루니, 그 생성이 무궁하다. 원의 세조 때 서역승 파스파가 그 문

훈민정음은 어떻게 만들어 졌는가

체를 변화시켜 몽고 글자를 만들었다. 우리나라도 이로 말미암아 언문을 만들었다… 여기서 동서양의 이치가 서로 통함을 볼 수 있다. 오직 중국만이 어세(語勢)와 자체(字體)가 스스로 일가를 이루고 있어 아주 다르다. 이것이 만국(萬國)에서 독존하는 까닭이지만, 그러나 불법(佛法)은 사바세계에 행해졌는데도, 주공·공자의 책은 동으로는 삼한(三韓)을 넘지 못했고, 남쪽으로는 교지(交趾, 지금의 베트남 북부)를 넘지 못했다. 아마도 언어·문자의 이치가 서로 통하지 않아서 그럴 것이다."

조선의 실학자 이익(1681~1763)은 『성호사설(星湖僿說)』 권7에서 정음(正音)은 몽고 파스파 문자에서 기원하였다고 주장했다.

"우리나라 언문 글자는 세종 28년(1446)에 처음으로 창제되어, 어떤 소리도 적지 못할 것이 없었다. … 원나라 세조 때에 파스파 문자가 범자(梵字)를 얻어 몽고 글자를 만들었는데, … 칠음의 자모로 나누어 그 소리가 있는 것은 표기하지 못할 것이 없었다. …… 한글 창제 당시 원나라가 멸망한 지 겨우 79년이었으니, 반드시 몽고의 문자가 남아 있었을 것이다. … 무릇 중국의 문자는 소리는 있으나 문자로써 적을 수 없는 것이 반이 넘는다. … 서역의 문자는 음성이 갖추어지지 않은 것이 없으니

… 이것이 파스파의 끼친 뜻임을 상상할 수 있고, 뒷날에 나온 것이 더욱 공교(工巧)하다고 할만하다.” (『성호사설』, 이익 언문 편)

여기서 뒷날에 나온 것이 더욱 공교하다고 한 것은 훈민정음을 뜻할 것이다. 음운학자 유희(1773~1837)는 『언문지(諺文志)』에서 “언문은 비록 몽고에서 시작되었으나 우리나라에서 완성되어 실지로 세간에서 지극한 묘물(妙物)이 되었다(諺文雖甁於蒙古, 成於我東, 實世間至妙之物).”고 했다. 한자에 비하여 몸체(體)와 기능(用)의 정밀함을 갖추었다는 것이다.

근대의 이능화(1869~1943)도 『조선불교통사』에서 범자와 언문 글자의 꼴과 소리가 서로 비슷한 것 몇 가지를 실례를 들어가며 두 언어의 비슷함을 주장했고(1932년 간행), 강상원(1938~2022) 역시 비슷한 사례를 들어 범자 관련성을 주장했다. 레댜드(Ledyard) 역시 이 ‘자방고전(字倣古篆)’에서 ‘고전(古篆)’을 몽고 전자(蒙古篆字)의 약칭으로 봄으로써 훈민정음과 파스파 문자의 관계를 확립하려 하였다(Ledyard, 1966; 이기문, 1974). 인도의 대학에서 수학한 김봉태 (2002)에 의하면, 범자의 음운 체계가 훈민정음과 거의 같다고 밝히면서 한글의 기원은 범어, 즉 산스크리트어임을 주장한 바 있는데, 정인지 후서(後序)에서 언급한 상형이자방고전(象形而字倣古篆)에서 고(古)는 몽고의 고(古)이며, 전(篆)은 파스파 문자의 전자모(篆字母)를 의미한다고 주장하였다.

　김민수 등(1997)에 의하면, 테일러(Taylor, 1883)는 훈민정음의 배열이 산스크리트 문자에 기원을 두고 있다고 했는데, 산스크리트 문자와의 관련성은 스코트(Scott, 1893, 1895), 애스톤(Aston, 1895), 호프(Hope, 1957), 필(Phil, 1983) 등도 주장하였다. 국내에서 정광(2022)은 "불가의 범어문법론(毘伽羅論)은 신라부터 조선 전기에 이르기까지 불가의 학승들에 의해서 계승되었던 것이다."고 주장한다.

〈그림 7〉 복천사 소장 티베트 문서

〈표 9〉 파스파 문자

로마자	IPA	로마자	IPA	로마자	IPA	로마자	IPA	로마자	IPA
ka	[k]	ta	[t]	tsa	[ts]	ra	[r]	e	[ɛ]
kha	[k']	tha	[t']	tsha	[ts']	la	[l]	o	[o]
ga	[g]	da	[d]	dza	[dz]	sha	[ɕ]	qa	[q]
nga	[ŋ]	na	[n]	wa	[v]	sa	[s]	xa	[x]
ca	[tɕ]	pa	[p]	zha	[ʑ]	ha	[h]	fa	[f]
cha	[tɕ']	pha	[p']	za	[z]	'a	[Ø]	gga	[ʔ]
ja	[dʑ]	ba	[b]	-a	[Ø]	i	[i]	ee	[e]
nya	[ɲ]	ma	[m]	ya	[j]	u	[u]	w	[w]
								y	[j]

정광 교수는 훈민정음이 범어, 파스파 문자 및 티베트(西藏) 문자를 참고하여 만들었다는 것을 조목조목 설명해 놓았다(『훈민정음과 파스파 문자』, 2012; 정광, 한글과 梵字, 2020). 원나라의 파스파 문자는 한글보다 170년 앞서 만들어진 문자로, 티베트 문자를 응용하여 만들어졌다. 티베트 문자 역시 범자(梵字)를 모방하여 만들어졌기 때문에 크게 보면 범자 계통의 문자에서 유래했다고 볼 수 있다. 훈민정음 첫 자가 'ㄱ'인 것은 모든 범자 계통의 언어(범자, 파스파 문자, 티베트 문자)가 '가'와 'ㄱ'에서 시작하기 때문이라고 주장하였다. 중종 22년(1527년)에 최세진이 지은 『훈몽자회(訓蒙字會)』라는 책의 앞부분에 실려있는 「언문자모(諺文字母)」 역시 'ㄱ(기역, 其役)' 자가 맨 앞에 실려있다. 영어에서 왜 'a'가 맨 앞에 나오는

훈민정음은 어떻게 만들어 졌는가

가? 그것은 기원전부터 사용하여 온 페니키아 문자부터 그랬기 때문이다.

한글에서 왜 'ㄱ'이 맨 앞에 나오는가? 그것은 고대 인도의 범어(실담어, 悉曇語)에서부터 그랬기 때문이다. 자음은 첫 번째 '가', 즉 'ㄱ'에서 시작하여 34번째 '하', 즉 'ㅎ'으로 끝난다. 시작과 끝이 훈민정음과 같다. 훈민정음 창제를 연구한 강상원 박사는 『동국정운(東國正韻)』 등에서 훈민정음 창제 주역은 집현전 학사가 아니라 실담어에 능통했던 신미였음을 조목조목 밝혀낸 바 있다.

최근의 임근동 교수의 논문(2023)에도 설명되지만, 『고려대장경』의 유가금강정경석자모품(瑜伽金剛頂經釋字母品)에는 실담문자의 모음과 자음이 실려있는데, 오늘날 인도에서 산스크리트어와 힌디어 그리고 마라티어의 표기에 사용되는 문자인 데바나가리(Devanagari)의 문자 배열, 인도문자의 영향을 받은 동남아의 캄보디아 문자, 버마 문자, 타이 문자, 라오스 문자 등의 문자 배열과 유사한 순서로 제시되고 있다.

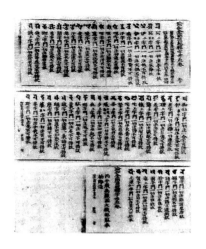

〈사진 16〉 유가금강경석자모품

　〈사진 16〉에 보이는 실담문자(산스크리트 문자) 표기는 이들 문자 배열과 유사하다. 먼저 모음의 문자가 설명되는데, 목, 구개, 입술의 순서로 되어 있다. 이어서 자음의 문자가 설명되는데, 혀의 뿌리, 구개, 입천장 중앙, 치음, 입술의 5가지이다. 이어서 약간의 접촉 음이며 반자음인 문자들이 나열되고, 절반의 접촉 음에 해당되는 문자들이 나열된다. 접촉 음이며 목에서 소리가 나는 ha의 설명 다음 마지막으로 sa의 복자음인 ksa가 나열되어 있다. 이 복자음(複子音) ksa를 제외하면 유가금강정경석자모품에 제시된 실담문자는 모두 49개이다. 훈민정음은 아음(牙音, 木), 설음(舌音, 火), 순음(脣音, 土), 치음(齒音, 金), 후음(喉音, 水)의 순서로 자음을

　　　　　　　　훈민정음은 어떻게 만들어 졌는가

배열하고 있다. 이는 오행상생(五行相生), 즉 목화토금수(木火土金水)의 상생(목생화 → 화생토 → 토생금 → 금생수 → 수생목)의 원리를 따른 것으로 설명된다(김석진, 1999). 훈민정음의 자음 배열은 유가금강경석자모품에 기록된 실담문자의 자음 배열에 기본 바탕을 두고 있음이 확인된다(임근동, 2023).

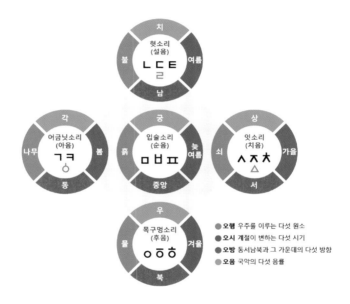

〈그림 8〉 자음과 오행도 (김슬옹, 훈민정음 p.146)

고려 1152년 간행된 『보협인다라니경』의 하단에 명기된 범학사문(梵學沙門)이라는 표기가 있는데, 이 당시 범어에 대한 지식이 있는 승려가 있었다는 것을 의미한다. 불경의 전래와 더불어 산스크리트어가 들어와서 그 학문의 전통이 이어져 왔음을 의미하며, 결국 신미가 계승하였음을 추정할 수 있다.

범어로 지어진 경전을 한자로 번역한 『대반열반경(大盤涅槃經)』의 문자품(文字品)에 보면 모음부터 설명이 나오고, 자음은 '가'에서 시작되어 끝에 '하'로 끝나고, 마지막에 복자음 ksa가 기록되어 있다.

"세존이시여, 글자라는 것은 그 뜻이 어떠합니까?"

"선남자야, 열네 가지 음을 글자의 뜻이라 이름하고, 글자의 뜻을 열반이라 하며, 항상한 것이므로 흘러 변하지 않느니라. … 열네 가지 음을 글자의 근본이라 한다." 이어서 설명하는 글자는 짧은 아(阿, a), 긴 아(阿, ā), 짧은 이(伊, i), 긴 이(伊, ī), 짧은 우(憂, u), 긴 우(憂, ū), 열(?, e), 야(野, ai), 오(烏, o), 포(炮, au), 암(菴, am), 아(痾, ah), 가(迦, ka), 가(呿, kha), 가(伽, ga), 아(我, ń), 차(遮, ca), 차(車, chā), 자(闍, ja), 자(闍, jha), 약(若, ňa), 타(吒, ta), 타(佗, tha), 다(茶, da), 다(茶, dha), 나(拏, na), 타(多, ta), 타(他, tha), 다(陀, da), 다(陀, dha), 나(那, na), 파(波, pa), 파(頗, pha), 바(婆, ba), 바(婆, bha), 마(摩, ma), 야(耶, ya), 라(囉, ra), 라(羅, la), 화(和, va), 사(賖, sa), 사(沙, sa), 사(娑, sa), 하(呵, ha), 라(羅, lam), 로(魯, r), 류(流, r), 로(廬, l), 루(樓, ī) 이다. (『대반열

반경』, 이운허 옮김, p 176-182)

정광 교수 역시 당의 승려 지광(智廣)이 편찬한 『실담자기(悉曇字記)』에 실린 내용을 설명하고 있다. (2016b: 정광. 비가라론과 훈민정음-파니니의 8장과 불가의 성명기론을 중심으로. 한국어사 연구(국어사 연구회)

마다(摩多): 阿(a), 阿(ā), 伊(i), 伊(ī), 歐(u), 歐)(ū), 藹(e), 藹(ai), 奧(o), 奧(au), 暗(am), 疴(ah). (이상 12 모음)

체문(體文): 迦(ka), 佉(kha), 誐(ga), 伽(gha), 哦(nga), 者(tsa), 車(chā), 惹(za), 社(zha), 若(na), 吒(a), 他(tha), 茶(da), 茶(dha), 拏(na), 多(ta), 他(tha), 陀(da), 陀(dha), 那(na), 波(pa), 頗(pha), 婆(ba), 婆(bha), 磨(ma), 也(ja), 羅(ra), 囉(la), 縛(va), 奢(śa), 沙(sa), 紗(sa), 訶(ha) – 遍口聲 濫(llam), 乞灑(kṣa) – 복자음 (이상 35자)

체문은 '가(迦, ka)'에서 시작하고, '아(牙), 치(齒), 설(舌), 순(脣), 후음(喉音)'의 순서로 배열하여 '하(訶, ha)'로 끝난다. 훈민정음의 초성의 순서 '아(牙), 설(舌), 순(脣), 치(齒), 후(喉)'에서 첫 아(牙)와 끝 후(喉)는 같다. 이는 훈민정음이 앞에서 설명한 오행(五行)의 상생인 목화토금수의 순서를 따랐기 때문이다. (2016b: 정광. 비가라론과 훈민정음- 파니니의 8장과 불가의 성명기론을 중심으로. 한국어사 연구(국어사 연구회). 체문을 아설순치후의 순서로 배열하면 가, 나, 다, 라, 마, 바, 사, 아, 하의 순서로 된다. 이런 순서가 어떻게 우연히 맞아서 그렇다고 할 수 있겠는가? 이것은 바로 범자를 응용하였다고 하면 맞는 설명일 것이다.

『화엄경』 제76권 98장~113장에서도 언어에 관련한 설명이 있다.

> "거룩하신 이여 … 보살이 어떻게 보살의 행을 배우며, 어떻게 보살의 도를 닦는지 가르쳐 주소서." "… 아, 타, 파, 차, 나, 라, 다, 바, 다, 샤, 바, 타, 야, 슈타, 카, 사, 마, 가, 타, 자, 스바, 다, 샤, 카, 크샤, 스타, 즈냐, 흐르다, 바, 차, 스마, 흐바, 트사, 가, 타, 나, 스파, 스카, 아사, 스차, 타, 라 …" 순서로 반야바라밀다 문(門)에 들어가는 것을 설명하고 있다.

이런 사실은 범어를 통하여 언어가 불교 승려들에게는 비교적 익숙한 내용이었으며, 여기서 문자 창제에 필요한 아이디어를 얻을 수도 있었을 것이다.

훈민정음의 'ㄷ'과 파스파 문자의 'd', 또한 'ㄹ'과 'l'의 닮음이

훈민정음은 어떻게 만들어 졌는가

눈에 띈다. 훈민정음의 'ㄷ'은 오늘날의 자형과는 달리 가획(加劃) 상선(上線)이 왼쪽으로 좀 길다(이기문, 1974). 이것은 자형상(字形上) 어색한데, 파스파 문자의 'd'가 바로 이런 특징을 보인다. 한편, 정음 'ㄹ'과 파스파 문자 'l'의 유사(類似)도 인상적이다. 이 'ㄷ'과 'ㄹ' 두 사실이 파스파 문자와 유사할 때, 이 유사는 우연성이 적은 것이라 하지 않을 수 없다고 이기문 교수는 주장하였다(이기문, 1974).

〈사진 17〉 동국정운 ('ㄷ'의 위가 길다)

최만리의 상소문을 통하여 알 수 있듯, 훈민정음 창제 당시 한자는 물론, 몽골자, 서하자, 여진자, 일본자, 티베트자가 있었다. 세종대왕이 훈민정음을 만들고자 했을 때, 이런 글자에 대해 충분히 분석해 보았을 것이다. 인류의 문자 발달사를 보면, 한 언어를 기록하는 문자의 기원은 대부분 이웃 언어를 기록하는 문자를 빌려 와서 자신들의 언어를 적는 것부터, 즉 채용(adoption)과 변용(modification)에서 시작했기 때문이다. 무에서 완전한 창제란 없으며, 주위의 여러 문자를 알고 있었음을 고려하면 이들 문자의 특성들이 훈민정음에 부분적으로나마 반영되어 있을 가능성은 충분하다.

인류의 문자는 큰 흐름의 상형(象形)에서 시작되어 한 갈래는 표어문자로, 다른 갈래는 표음문자로 발달했다. 그리고 문자 발달사는 모음 표기의 발달사라고 해도 과언이 아니다(김주원, 『훈민정음』). 표음문자는 자음으로만 표기되다가 점차 모음자를 넣어서 표기하기 시작하였다. 처음에는 모음이 구별부호(diacritics)로 사용되었으나, 점점 자음자와 같은 자격으로 표기되었다. 동아시아 글자들은 모음자가 독립하는 과정을 거치기는 하지만, 여전히 독립하지 못하고 남은 것이 있는데, 내재적(inherent) 모음으로 불리는 a 모음이다. 다니엘스(Daniels, 1990: 730)는 음절문자와 음소문자의 중간에 놓이는 문자 유형이 있음을 밝히고, 그것을

훈민정음은 어떻게 만들어 졌는가

압자드(Abjad)와 아부기다(Abugida)로 명명하였다.

압자드는 종래의 자음문자(Consonantal)를 대체하는 용어로, 자음에 해당하는 낱글자를 사용하고, 모음은 표기하지 않는 체계이다. 아부기다는 낱글자가 자음과 특정 모음(대개 a)을 나타내며, 그 외의 모음은 부가 기호를 사용하는 체계이다. 히브리자(Hebrew abjad)와 아랍자(Arabic abjad)는 원래 모음을 표기하지 않았지만, 점점 모음을 표기하는 방법을 고안해 내었고, 그리스인들은 페니키아자(字)를 받아들여, 모음자를 독립시켜서 완전한 알파벳을 만들어내었다.

아부기다계 문자로 데바나가리가 있다. 이 문자는 산스크리트어, 힌디어, 네팔어 등을 표기하는 문자로, 낱글자가 '자음+a'의 음가를 가지는 아부기다 유형이다. 데바나가리와 유사한 모양과 운용법을 가지고 있는 실담자가 있는데, 우리의 조상은 불경의 전래와 함께 이 글자를 접할 수 있었다. 그 증거로 앞에서 설명한 『고려대장경』 유가금강정경석자모품(瑜伽金剛頂經釋字母品) 권1에 실담자 50자가 실려있는 것을 볼 수 있는데, 거기에는 모음자 a, i, e, o, u 등이 알려져 있었다(이태승·안주호 2004; 김주원 2016). 만일에 세종(그리고 집단지성)이 훈민정음 창제 시 이러한 사실을 알았다면 하나의 음절을 초성, 중성, 종성으로 나누는 3분법의 힌트를 얻었을지도 모른다(강신항, 1977).

티베트자(字)는 인도의 데바나가리에서 유래한 표음문자로 '자음+a'의 음가를 지니고, a자 외에는 독립된 모음자가 없다. 따라서 a 이외의 다른 모음자는 부가 기호를 사용하여 표기한다.

파스파자(字)는 티베트자를 개량하여 만든 글자로, 모음자를 독립시켜서 사용하는 문자로 바꾸었다. 파스파자는 티베트자와는 달리, 위구르자처럼 위에서 아래로 내려쓰게 되었고, 몽골어의 모음 o/u 등을 구별하여 표기하였다. 그러나 티베트자에 있는 아부기다적 속성을 끝내 버리지 못함으로써 모음자의 완전한 독립을 이룩하지는 못했다. 즉 파스파자에는 독립된 모음자 a가 없다.

훈민정음의 모음자는 위에서 보았던 것과는 전혀 다른 체제이다. 하나의 음절을 3분법, 즉 초성자, 중성자 및 종성자로 구성하였고, 중성자인 모음자는 자음자와 동일한 자격을 가진 글자의 구성요소가 되었다. 『훈민정음 해례본』 제자해의 설명을 보자.

> 초성은 발동(發動)의 뜻이 있으므로 하늘의 일이고, 종성은 그치고 정하는 뜻이 있으므로 땅의 일이다. 중성은 초성의 태어남을 잇고, 종성의 완성을 계승하니, 사람의 일이다. 대개 자운(字韻)에서 가장 중요한 것은 중성에 있는데, 초성과 종성이 합하여 음(音)을 이루니, 역시 천지가 만물을 생성하면, 그것을 가지고 남는 것은 잘라내고, 모자라는 것은 깁고 보태는 것은 반드시

훈민정음은 어떻게 만들어 졌는가

사람에게 힘입는 것과 같다. ⒐初聲有發動之義 天之事也. 終聲有止定之義

地之事也. 中聲承初之生 接終之成 人之事也. 盖字韻之要 在於中聲 初終合而成音.

亦猶天地生成萬物 而其財成輔相則必賴乎人也) (『훈민정음 해례본』 제자해)

　　중성은 중국 성운학에는 없는 개념으로, 음절의 2분법을 3
분법으로 고치고, 그 결과 나타난 중성에 대하여 완전히 새로
운 체계를 정립한 것이 훈민정음 이론의 핵심이다. 이런 모음자
의 완전한 독립은 문자사에서 매우 혁신적인 것이다. 호프(Hope,
1957)에 의하면, 파스파자에서 모음자의 독립이 이루어졌으나 불
완전한 것이었고, 훈민정음에 이르러 비로소 완전한 독립이 이
루어졌다는 것이다. 훈민정음 창제자는 바로 이 이론을 발전시
킨 대학자가 포함되어야 한다. 여기서 우리는 자연스럽게 세종과
범어에 해박한 집단지성을 떠올리지 않을 수 없다.

　　　"파스파자에서 모음은 독립적으로 쓰이는 자격을 얻었다. 그러
　　나 모음 A를 표기하는 기호가 없었다. 왜냐하면 산스트리트자
　　나 티베트자의 표기 방식으로는, 그것은 각각의 자음에 내재되
　　어 있는 것으로 생각하기 때문이다. 그렇지만 A를 제외한 다른
　　모든 모음들은 독자적인 부호를 가지고 있다. 이 논리적 허점
　　이 결국 명백해졌고 한글에서 이것이 충족되었다. 한글은 모음

Alpha가 Beta와 동일한 자격을 가지는 그리스 알파벳 문자형 단계에 도달하였다." (Hope 1957; 159)

성현이 범자 관련설을 주장한 지 500여 년 후, 레댜드(Ledyard 1966 및 1998)와 호프(Hope, 1957) 역시 범자와의 관련성을 주장한 것이다. 파스파의 'ㄷ'자와 훈민정음의 'ㄷ'자와의 유사성, 파스파 [f]자와 'ㅍ' 등과의 유사성 등이 언급된 바 있다.

한글이 범어에서 유래했다면 신미 협찬설을 더욱 뒷받침하는 결정적인 증거가 된다. 세종이 꿈꾸고 추구했던 훈민정음을 창제하고 완성하는데 이두와 구결, 범어의 전문지식이 필요했으며, 신미는 바로 준비된 주머니 속의 송곳이었다(박해진, p 39). 훈민정음 창제자들은 당시 우리나라에 알려져 온 한자, 파스파 문자 등 여러 문자를 참고했을 것이며, 그런 증거를 이상의 내용에서 확인할 수 있다. 정광 교수가 주장하는 것처럼, 실담자기(悉曇字記)의 12 마다(摩多)에 맞추어 11 중성이 제시된 것이라면, 범자에 대한 해박한 학자가 필요했다. 신미는 대장경 등의 공부를 통해 인도 범어에 통달하였고, 마다(摩多)의 12 모음(母音)과 체문(体文)의 35 자음(子音)으로부터 범어에 중성(母音)이 있다는 것을 알아내었고, 세종에 진언하여 28자를 완성하게 된다. 특히, 3재(才)를 중성, 즉 모음으로 채택하여 훈민정음 제정에 적용한 것으

훈민정음은 어떻게 만들어 졌는가

로 보인다. 게다가 신미는 어려서 외할아버지 이행(李行)으로부터 이두를 배워 잘 알게 되었고, 성균관에 다니면서 주역을 배웠고, 출가(出家) 후 스승인 함허당 득통에게서 다시 주역을 배웠으므로, 천지인(天地人) 3재를 잘 알고 있었다(최시선 『훈민정음』 p.98).

최만리의 2월 20일 상소문 첫머리 부분에,

> "설혹 말하기를 '언문은 모두 옛글자를 본뜬 것이고 새로 된 글자가 아니라.' 하지만, 글자의 형상은 비록 옛날의 전문(篆文)을 모방하였을지라도 음을 쓰고 글자를 합하는 것은 모두 옛것에 반대되니 실로 의거할 데가 없사옵니다."(儻曰諺文皆本古字, 非新字也, 則字形雖倣古之篆文, 用音合字, 盡反於古, 實無所據) (세종 26/02/20, 1444)

훈민정음은 유례를 찾아볼 수 없는 새 글자(新字)로 독창적인 문자 체계임에도 불구하고 이것을 처음에 세상에 내놓으면서 모두 옛글자(古字)라고 하고, 그 근거로서 "글자의 모양을 옛 전문(篆文)에서 본떴다."고 한 것은 무슨 까닭인가? (이기문, 1974). 이에 대한 설명으로 세종과 신미를 포함한 집단지성들이 멀리는 인도의 범어, 가까이는 파스파 문자를 참고했다면, 논리적으로 이해하기 쉽게 된다.

호프(Hope, 1957)는 한국 음소문자, 즉 한글과 티베트 문자에 근원을 두고 있는 파스파 문자와의 상호 연관을 살피면서 한국 음소문자의 음성학적 이론은 산스크리트 음소문자의 구조에 뿌리를 두고 있고, 산스크리트에서 파생한 티베트 음소문자의 중간적 영향을 받았다고 하였다. 레댜드(Ledyard, 1966)는 초기 조선조의 지적 경향이 새로운 표기 체계를 창제할 수 있는 성숙된 여건을 제공하였는데, 중국 성운학 연구와 국가어의 인식이 음소문자를 요구하였으며, 한자 외의 다른 문자들에 대한 지식도 한글 창제에 도움이 되었을 것이라고 보았다. 마침 세종과 신미 두 분이 이 분야의 전문가였고, 그들을 도운 학자들 역시 충분한 집단지성적 힘을 발휘할 여건이 된 것이다. 그럼에도 불구하고 레댜드는 그의 논문에 인상적인 글을 썼다.

> "한글은 몽골의 파스파로부터 유래하였다는 것은 전혀 아니다. 파스파자는 훈민정음을 세계에서 가장 우수한 것으로 만든 그 어떤 요소도 가지고 있지 않다." (Ledyard 1966/1998: 438, 439) (김주원, 2016에서 재인용)

이기문 교수는 세종의 훈민정음 창제 과정에 세 아들의 협찬을 주장하였으나(이기문, 1974), 거의 20년 후의 논문(이기문, 1992)에서는 이 견해를 바꾸어 "훈민정음을 창제할 능력이 있은 학자는

훈민정음은 어떻게 만들어 졌는가

세종밖에 달리 없었다는 결론에 도달한다."고 결론을 내리면서, 그 근거로 『용비어천가』와 『월인천강지곡』의 종성 표기법을 들었다. 그러나 앞에서 설명대로, 한 사람이 1~2년 사이에 여러 가지 다른 문법을 주장했다는 것은 이해하기 어렵다.

세종대왕은 대천재이므로 범자에 충분한 지식을 가졌다고 주장하는 사람도 있을 것이다. 그러나 세종은 정사(政事)에도 바빴고, 병으로도 시달렸으므로, 학자로서 연마할 시간인 적어도 1만 시간의 범어 학습을 전혀 할 수 없었을 것이다. 그리고 그런 학습을 했다면 세종실록이나 다른 어딘가에 기록이 남아 있을 것이지만, 기록이 전혀 없다. 왕자에서 세자가 되어 왕이 되기까지 어디 하나 감출 수 있는 직책에 있던 적이 있었는가?

이상의 내용에서 다음과 같이 추론할 수 있다. 훈민정음 창제라고 하는 일대의 사건은 완전한 무에서 비교적 짧은 기간에 하늘에서 뚝 떨어진 것이 아니라, 당시까지의 언어 이론, 문자 이론, 철학 사상, 시대적 상황 등이 종합적으로 작용하는 바탕 위에서 세종과 신미라는 천재 언어학자의 주도하에 집단지성이 협력하여 창제하였다.

훈민정음의 자음자의 발음기관 상형, 모음자의 3재(三才) 상형을 기본자로 하여, 합성과 조합을 하여 만든 제자 방법과 완전한 음소문자로 만든 사실 등은 파스파자에서는 전혀 찾아볼 수 없는 것들이다(김주현, 2016). 그러므로 세계의 언어학자들은 훈민정음을 외래문자를 채용(adoption)이라고 하지 않고, 창제(creation)라고 평가하는 것이리라.

6. | 아시아의 여러 문자

유럽과 아메리카에서는 그리스·로마 문명의 영향으로 A, B, C로 문자가 시작되는데, 아시아의 문자는 어떻게 시작되는가? 대한민국을 제외하면 인도, 한자, 일본, 아랍, 태국, 베트남, 인도네시아, 몽골 등 8가지 이상의 문자가 있다.

아랍문자와 라틴 문자는 기원전 1,000년 전에 사용하던 페니키아 문자와 연결되어 있으므로 두 언어의 조상은 같다고 할 수 있다. 페니키아 문자는 아랍 문자, 그리스 문자, 히브리 문자, 라틴 문자, 키릴 문자 등의 조상으로 간주된다. 라틴 문자와 아랍 문자는 알파벳 이름이나 순서가 매우 유사하다는 점에서도 같다. 아랍어는 셈어족의 다른 문자들처럼 오른쪽에서 왼쪽으로 쓰여진다. 아랍 문자에서 자음은 셈어족 문자에서 가져온 22개, 아랍어 고유음 6개를 합쳐서 총 28개로 구성되어 있고, 모음은 단모음 a, u, i 장모음 ā, ū, ī, 이중모음 ai, au 합하여 8개로 구성되어 있다.

〈그림 9〉 아랍 문자

인도계 문자(印度系文字, Indic scripts)는 브라흐미 문자를 시조로 하는 인도 아대륙, 동남아시아 지역에서 널리 쓰이는 아부기다 꼴 문자의 총칭으로, 브라흐미계 문자(Brahmic scripts)라고도 한다. 현재 전 세계에서 쓰이는 문자 가운데 가장 많은 수가 이 문자 군에 속해 있다. 현재 인도계 문자에서 가장 많이 사용되는 문자는 데바나가리 문자로 산스크리트어, 힌디어와 네팔어 등에 사용되고 있다. 버마어, 크메르어, 라오어, 태국어, 자와어, 발리어와 티베트어도 인도계 문자가 큰 영향을 미쳤다.

훈민정음은 어떻게 만들어 졌는가

문자는 왼쪽에서 오른쪽으로 쓰며, 글자배열이 일정하다. 모든 기본 자음자는 단모음 a를 붙인 소리로 발음하므로, 이 모음을 딸림 모음이라고 부른다. 모음자는 두 가지 꼴이 있는데, 홀로 쓰일 때는 완전한 글꼴을 갖춘 독체자로, 다른 자음 뒤에 붙을 때는 모음부호를 덧붙임으로써 표시된다.

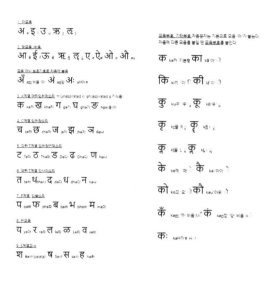

〈그림 10〉 실담어 (산스크리트어)

한자는 세계에서 가장 많은 인구가 쓰고 있는 표의문자로, 사물의 이미지(象形)에서 시작했지만, 기호가 되면서 뜻으로 정착되었다. 갑골 문자를 기원으로 보고 있으며, 후대로 오면서 더 많이 만들어져 현재 알려진 한자의 수는 약 5만 자, 이체자까지 포함하면 대략 8만 8천여 자에 달하지만, 실생활에 주로 쓰이는 상용 한자는 나라에 따라 다소 차이가 있으나 2천~5천 자이다.

중국의 철학자 루신(魯迅, 1881~1936)은 "한자가 사라지지 않는다면 중국은 반드시 망한다(漢字不滅 中國必亡)."라고 극언한 바 있다. 중국인은 한자 문제를 해결하기 위해서 알파벳으로 한자의 음을 표현하고 있다. 당시 일부에서는 로마자 대신 한글로 발음을 표기하자는 제안도 있었다고 한다. 결국 로마자 병음으로, 알파벳을 배우면 한자를 읽을 수 있고 또 컴퓨터에 입력할 수 있게 되었다. 그러나 로마자 병음은 중국어 발음을 제대로 표현하지 못하여 배우기도 어렵고, 배워도 혼동할 수 있는 문제가 있다.

일본 문자는 히라가나, 가타카나, 한자의 세 종류가 있지만, 기본적으로 한자를 변형시켜 만든 문자이다. 한자는 3~4세기에 한반도를 거쳐서 일본에 전해졌다. 역사책 『일본서기』에 보면 백제의 왕인과 아직기가 『논어』와 『천자문』 책을 일본에 전하고 일본의 왕자를 가르쳤다는 기록이 나온다. 그 후 문자가 발달하여 9세기쯤에 히라가나가 성립되었다. 히라가나는 개인이 아닌 여러 승려에 의해 만들어졌다고 한다.

가나(仮名)라는 이름의 유래는 한자를 진짜 글자라는 뜻의 마

나(真名)라고 이른 것에 상대하여 가짜 글자, 임시 글자라는 뜻에서 비롯되었다. 가나는 모든 자형의 창제 원리 자체가 한자의 축약이다. 현재 히라가나에는 하나의 소리에 하나의 글자만이 존재하지만, 1900년 이후에 정착된 것이고, 그 이전에는 하나의 소리에 대하여 여러 가지 글자를 사용하기도 했다고 한다. 일본어의 첫 글자는 '아(あ)'이다. 현대 일본어에서 쓰이는 실제 음절은 103개 이어서, 3,000개가 넘는 한글과 영어의 음절을 나타내기에는 매우 부족하다.

あ ア a	い イ i	う ウ u	え エ e	お オ o
か カ ka	き キ ki	く ク ku	け ケ ke	こ コ ko
さ サ sa	し シ si/shi	す ス su	せ セ se	そ ソ so
た タ ta	ち チ chi	つ ツ tsu	て テ te	と ト to
な ナ na	に ニ ni	ぬ ヌ nu	ね ネ ne	の ノ no
は ハ ha	ひ ヒ hi	ふ フ fu	へ ヘ he	ほ ホ ho
ま マ ma	み ミ mi	む ム mu	め メ me	も モ mo
や ヤ ya		ゆ ユ yu		よ ヨ yo
ら ラ ra	り リ ri	る ル ru	れ レ re	ろ ロ ro
わ ワ wa				を ヲ o/wo
ん ン n				

〈그림 11〉 일본 문자

　　태국 문자는 고대 인도에서 사용하던 브라흐미계 문자를 본따서 만든 킴 문자로부터 유래한 것으로 13~14세기에 만들어졌다. 브라흐미계 문자가 그렇듯 아부기다에 속하는데, 아부기다란 음절문자와 음소문자의 중간에 위치하는 문자로, 각 글자가 자음과 '기본모음'(태국어의 경우에는 /어/)을 나타내며, 다른 모음을 표기하기 위해서는 별도의 부호를 이용한다. 태국 문자는 수 세기를 거치면서 그 형태가 변화되었고, 현재 사용되고 있는 문자는 라마 1세(1782~1809) 때 개정된 것이다. 태국어 자음은 현재 42개가 있고, '꺼'로부터 시작된다. 모음은 단모음 18개, 이중모음 6개, 음절 모음 8개로 총 32개의 모음이 있다.

〈그림 12〉 태국 문자

베트남 문자는 서양의 라틴 문자와 조상이 같다. 베트남은 서기 10세기까지 중국의 영향으로 한자를 쓰다가, 독립한 다음부터 '쯔놈'이란 문자가 사용되었다. 인도항로가 발견된 후, 16세기부터 신부들이 베트남으로 파견되기 시작하였고, 프랑스 알렉산드흐 드 호데 주교가 1651년 로마에서 『베트남어-포르투칼어-라틴어 사전』을 출판함으로써 베트남 문자가 출현하게 되었

훈민정음은 어떻게 만들어 졌는가

다. 1838년 『베트남어-라틴어, 라틴어-베트남어』 사전이 출판되었고, 따라서 베트남 문자와 라틴 문자는 거의 같다.

〈그림 13〉 베트남 문자

　인도네시아어는 라틴 문자로 표기하므로 A, B, C 순서로 시작된다. 식민지 지배를 받았던 이들은 수백 가지 지방어 중에서도 말레이어를 국어의 모태로 삼았다. 네덜란드로부터 독립할 당시 국어를 정하는 문제가 어려웠고, 수백 가지 지방어 중에 동남아시아에서 널리 사용되는 말레이어를 국어로 정하였고, 문자는 라틴 문자를 사용하게 되었다.

　몽골 문자는 몽골어를 위해 만들어진 여러 표기 체계들 가운데 하나로, 몽골어를 적기 위해 오늘날까지 중화인민공화국의 내몽골 자치구에서 사용되고 있다. 이 문자는 몽골인의 포로가 된 위구르어 필경사인 타타 통가(Tata-tonga)가 칭기스 칸의 명령으로 13세기에 만들었다. 이 몽골 문자의 계통적 기원은 페니키아 문자로, 페니키아 문자에서 위구르 문자가 되었기 때문이다. 이 문자는 세로쓰기를 하면서 왼쪽에서 오른쪽에서 써나가는 특징이 있다.

역사적으로 몽골인들에게는 몽골 문자 외에 13세기 후반 라마승 파스파에 의하여 만들어진 파스파 문자가 있었다. 몽골제국(원나라) 때에 티베트 불교 승려 파스파가 13세기에 쿠빌라이 칸의 명을 받고 티베트 문자를 기반으로 만든 아부기다 문자이다. 그러나 칭기즈 칸 시절부터 몽골 문자로 몽골어를 표기했기 때문에 외면당했고, 결국 얼마 안 가 사장되었다.

7. | 세종과 신미의 만남

세종의 왕사(王師)였던 신미가 한글 창제에 주도적인 역할을
했다는 설은 그동안 종종 제기되어 왔다. 박해진 지음의 『훈민
정음의 길』(나녹, 2014년), 그리고 2018년에 상영된 영화 〈나랏말싸
미〉에도 훈민정음 창제 과정이 나오는데, 신미가 주도적 역할을
한 것으로 되어 있다.

신미(信眉), 즉 김수성(金守省)은 아버지 김훈(金訓, 1381~1437)과
어머니 여흥이씨의 장남으로, 1403년에 태어났다. 아버지 김훈
은 399년 문과에 급제하여 진사가 되고 원자(元子)를 교육하는
좌우동시학(左右同侍學) 직책을 거친 바 있다. 김훈은 예문관 대
제학을 지낸 이두의 대가인 이행(李行, 1351~1432)의 딸인 정경부인

여흥이씨와 혼인하였고, 4남1녀를 두었으니, 시(詩)로써 이름을 짓되, 장자(長子)는 소이성(疎而省)하니 성자(省字)를 쓰고(金守省), 차자(次子)는 고이경(固而經)하니 경자(經字)를 쓰고(金守經), 3자(三子)와 4자(四子)는 온화(溫和)하니 이를 생각하여 작명하였으니, 3자(三子)가 김수온(金守溫), 4자(四子)인 막내가 김수화(金守和)였다(『영산김씨 대동보』 상권 p.2).

장남 수성(守省)은 태어날 때부터 왼쪽 손바닥에 임금 왕(王)자 손금이 있어 부모와 삼촌은 크게 걱정하였다. 그런 사람은 나

〈사진 18〉「나랏말싸미」 영화 포스터

훈민정음은 어떻게 만들어 졌는가

라에 역적이 된다고 하여 국법으로 잡아 죽였기 때문이다. 그는 죽음을 면하려고 배안(배냇) 병신노릇을 하느라 항상 왼쪽 손가락을 오그리고 주먹을 쥐고 살았다고 족보인 대동보에 적혀 있다. 그러나 막상 수성은 손금에 불만이 없었다고 한다. "손바닥을 벌려 보이는 것은 욕심을 갖고 무엇을 달라고 할 때나 있는 일입니다. 남에게 무엇을 줄 때나 학문을 위해 독서할 때 손바닥은 보이지 않습니다."

수성은 어려서부터 인물이 뛰어났다. 어릴 때 조부에게 한학을 배운 그는 총명하여 하나를 배우면 열을 알았고, 10대 초반에 조선 최고의 교육기관인 성균관에 입학해 공부를 시작하면서 기대를 한 몸에 받았다. 평소에 과묵하였으나, 한번 말을 내놓으면 청산유수 같았고, 눈을 부릅뜨면 안광(眼光)에 눌리지 않는 자 없었다고 한다.

그에게 고려의 예문관대제학을 지냈고 이두(吏讀)와 구결에 정통한 외할아버지 이행(李行)의 훈도(薰陶)는 학문의 길을 걸어가는데 더없이 소중했을 것이다(박해진, 『훈민정음의 길』). 이행의 이두(吏讀) 실력은 다음의 기록에서도 알 수 있다.

"원나라의 『농상집요(農桑輯要)』는 백성들에게 유익하나, 다만 그 글이 어려워서 사람마다 쉽게 깨달아서 알지 못하니, 원컨대 본국(本國)의 이어(俚語)로써 번역하여 향곡(鄉曲)의 소민(小民)들로 하여금 알지 못하는 것이 없게 하소서." 임금이 그대로 따라서, 전(前) 대제학 이행(李行)과 검상관(檢詳官) 곽존중(郭存中)에게 명하여 책을 만들어 판각(板刻)하여 반행(頒行)하게 하였다. (태종 14/12/06, 1414).

김수성이 성균관에서 유교 경전을 공부하던 때에 집안에 우환이 닥친다. 아버지 김훈은 문과에 급제한 후, 36세(1416년)에 옥구진 병마사를 지낼 때 조모상에 가지 않고, 수개월간 한양에 머무르며 태종의 형 정종의 처소인 인덕궁(仁德宮)을 드나들었다는 사실이 죄로 몰렸고, 불충불효(不忠不孝)의 정치적 사건으로 비화되었다. 그는 곤장 100대와 함께 지방으로 좌천당하여 전라도 내상(內廂, 병영)으로 귀양을 갔다가 고향인 영동으로 옮겼다. 김훈의 '불충불효죄'는 이후 아들들에게까지 두고두고 영향을 주었다.

김수성은 아버지가 유배됨에 따라 만 13세에 성균관에서 퇴학당한다. 멸문지화(滅門之禍)의 순간에 집안의 결정으로 그는 회암사로 출가하여 함허당 득통(1376~1433)의 제자가 되어 신미(信眉)라는 법명을 얻는다. 함허당은 성균관에서 유학을 공부하다가, 21세에 함께 공부하던 친구의 죽음을 본 후 생사의 허무함을 깨닫고 불가에 귀의하였는데, 성균관에서 배운 유학과 한문 실력으로 불경을 탐구하여 도를 얻으려고 시도한 점에서, 신미가 성균관에서 유학을 배우고 후일 함허당에게 불교를 배우는 것과 전체적인 맥락이 비슷하다. 함허당은 무학대사의 적통을 이은 학승으로 많은 불경에 정통했다. 그는 불경을 대중에게 알리기 위하여 『원각경소』와 『금강경오가해설의』, 『현정론』 등의 불경을 교정하고 설법하였는데, 그의 이러한 학문적 태도는 제자인 신미에게 큰 영향을 주었다.

아버지 김훈이 또 다른 억울한 사건에 휘말린 것은 1419년이었으니, 신미의 나이 17세(만 16세) 때였다. 세종 원년(1419년), 이종무(李從茂)는 대마도(對馬島, つしまじま) 정벌에 문관이면서 무예에도 뛰어난 김훈을 데려갔다. 그는 왕에게 청하여 김훈이 몸집도 크고 병술이 뛰어난 무인이니, 그가 있는 영동(永同)에 들러 데리고 가겠다는 장계(狀啓)를 올렸다.

이종무가 계하기를, "김훈(金訓)이 종군하여 스스로 공효(功效) 세우기를 자원하고, 노이(盧異)도 또한 무재(武才)가 있으니, 함께 거느리고 정벌에 나가게 하소서." 하니, 상왕(태종)이 그대로 따랐다. (세종 1/06/07, 1419)

〈사진 19〉 이종무 대마도 정벌

　38세의 김훈이 참전할 당시, 장남 수성은 18세, 3남 수온은 12세였다. 참전을 허락한다는 왕명이 채 도착하기도 전에 전쟁이 벌어졌고, 이종무의 정벌은 대승을 거두었다. 이 대마도 정벌은 전체적으로 승리하였지만, 사간원과 몇몇 유신들은 이종무가 미리 왕의 허락을 받지 않고 김훈을 데려간 것을 문제 삼았다. 이종무와 김훈은 하옥(下獄)되었고, 김훈은 재산을 몰수당한 채 지방으로 쫓겨났다. 이것조차 당시 사헌부에서 반역죄 운운하며 김훈을 영동의 관노로 만들어야 한다고까지 청했지만, 세종이 끝내 이를 받아들이지 않은 감형(減刑)이었다.

　　　　　　　　훈민정음은 어떻게 만들어 졌는가

처음에 김훈(金訓)이 먼 변방에 유배되어 입역(入役)되었는데, 그 아비 김종경(金宗敬)이 신소(申訴)하여 외방 종편(外方從便)을 명하니, 좌헌납 안수기(安修己)가 아뢰기를, "김훈의 죄는 가볍게 용서할 수 없는 것인데, 이제 외방종편을 허락하시니, 만일 부자가 같이 있게 하려고 하오면, 그 아비가 사는 영동(永同)의 관노(官奴)로 옮겨 정역(定役)시키소서." 하였다. 임금이 이르기를, "태종조에 이미 종편(從便)하게 하였는데, 그 뒤에 정역된 것은 김훈의 죄가 아니다. 기해년 동정(東征) 때에 태종께서 전지를 내려 정벌(征伐)에 종사할 사람을 모집하니, 훈의 처남 이적(李迹)이 김훈을 이종무(李從茂)에게 추천하여 동정의 군역에 종사하게 한 때문이다." 하니, 안수기가 두 번째로 아뢰기를, "비록 그 아비가 사는 고을의 관노(官奴)로 옮길지라도 역시 성상의 은혜를 지나치게 받는 것입니다." 하였다. 임금이 "김훈을 전자에 종편한 것도 진실로 이 죄요, 지금 종편하는 것도 이 죄인데, 이미 종편을 허락하여 늙은 아비를 기쁘게 하였으니, 나는 절대로 따르지 아니하겠다." 하였다. (세종 13/05/20, 1431)

가족이 역적이 되어 처벌될 위기에서 세종의 판단으로 죄를 감면받았지만, 이 일은 김훈 당사자는 물론 가족들에게도 충격적인 사건이었다. 나라를 위해 목숨을 걸고 전장에 나갔건만 오히려 그것이 죄가 되어 패가망신하게 된 셈이었으니까. 그 영향이었을까? 둘째 아들 수경은 아예 책과 담을 쌓았다고 한다(박해진, 『훈민정음의 길』).

영산김씨 대동보에 여러 번 나오는 물음이 있다. 명문가에서 태어나 '순풍에 돛단배'처럼 순항할 것만 같았던 수성(守省)이 어찌하여 화려한 벼슬자리를 버리고 불도(佛道)에 들어갔는가? 이에 대한 설명은 세 가지로 정리할 수 있을 것 같다. 첫째, 영특한 외손자를 보호하려는 집안의 결정이다. 둘째, 가정에 닥친 불합리한 비극이 막 사춘기로 접어든 신미에게 큰 영향을 미쳤을 것이다. 셋째, 고려말과 이조초를 겪으면서 가족들이 느꼈을 정치에 대한 환멸이다. 특히 아버지가 옥살이와 귀양으로 느꼈을 충격은 매우 컸을 것 같다.

스님의 길을 걷게 된 신미는 불철주야 출세간의 도(道)를 닦았다. 경전과 계율을 부지런히 익혔으며, 22세에 일생의 도반(道伴)인 수미(守眉)를 만났다. 20여 년이 흘렀을 때 신미는 경·율·논(經·律·論) 삼학(三學)에 두루 능통한 최고의 학승으로 세상에 알려지게 되었다. 신미는 팔만대장경을 읽고 해석할 정도로 학문에 뛰어났다. 불교의 초기 경전들은 고대 인도어인 범어(梵語, 산스크리트어)로 되어 있는데, 이것을 중국에서 한자로 번역한 것이 대장경(大藏經)이다. 그러나 중국 고승들에 의해 번역된 불교 경전들은 오역이 많아서, 부처님의 말씀이 정확히 전달되지 않은 부분이 있었다. 신미는 범어로 된 불교 원전을 그대로 읽기 위해 범어를 공부했다. 범어에도 해박하게 된 신미에 있어서 우리 글자를 만들려는 세종대왕을 만나게 된 건 하늘이 도운 운명적 만남이었으리라. 복천암 수암화상탑(秀庵和尙塔)에는 다음과 같은 글귀가 있다.

> 신미화상(信眉和尙)은 태종 3년에 영동 영산김씨 가문에서 부 김훈과 모 영흥이씨 사이에서 태어나셨다. 십 세 미만에 유서(儒書)를 다 보고 출가하여 팔만대장경(八萬大藏經)을 다 보았으며, 범서로 된 원전까지 다 보아 삼대어(三大語)에 능했다. 집현전에 세종대왕의 초빙을 받아 훈민정음을 소리글로 창제해 세종의 총애를 받았으며 그 공로로 시호를 선교종도총섭밀전정법지비쌍운우국이세원융무애혜각존자(禪敎宗都總攝密傳正法智毖運佑國利世圓融無碍慧覺尊者)라 지어 문종에게 위임하고, 문종은 즉위 후 행정1호로 시호를 세상에 알렸다. 신미혜각존자는 성종(成宗) 11년에 77세로 입적하시고, 부도는 성종 11년 단기 3847년(서기 1514년) 8월에 건립했다.

〈사진 20〉 신미 수암화상탑

　세종 때 불사(佛事)에 많은 일을 했던 정효강의 다음 증언은 신미가 출가하기 전에 유가서(儒家書)를 넓게 섭렵하여 유학에도 상당한 수준에 이르렀던 것을 알 수 있다.

　　승도(僧徒)들을 크게 모아 경(經)을 대자암(大慈菴)에 이전하였다. … 소윤(少尹) 정효강(鄭孝康)이 역시 이 모임에 참여하였는데, … 항상 신미(信眉)를 칭찬하여 말하기를, "우리 화상(和尙)은 비록 묘당(廟堂)에 처하더라도 무슨 부족한 점이 있는가?" 하였다. (세종 28/05/27, 1446)

　　　　　　　　　훈민정음은 어떻게 만들어 졌는가

〈표 10〉 나옹화상의 법손(法孫) (박해진, 훈민정음의 길 p.44)

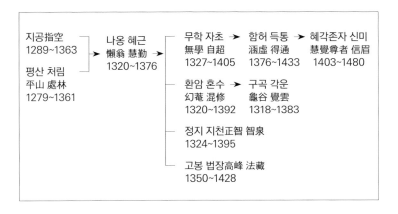

신미는 만 15세에 출가하였으니, 지금으로 치면 중3이나 고1 때의 나이였고, 그가 이룬 위대한 학문적 성취로 판단컨대, 이런 모든 사건을 긍정적으로 소화한 것으로 보인다. 세종 원년(1419) 이종무(李從茂)가 대마도를 정벌할 때, 김훈은 종군하여 공을 세우기를 자원했다. 처남 이적(李迹)이 이종무에게 추천하여 상왕(태종)의 허락을 받고 출정(出征)하였다. 하지만 죄인을 출정시킨 죄로 사헌부와 사간원의 탄핵을 받은 이종무는 의금부에 하옥되었다가 외방(外方)에 유배되었다. 이종무의 대마도 정벌에 참여하여 승전해 귀국한 부친(金訓)을 오히려 붓대나 굴리던 사대부(사헌부, 사간원 등)들의 간악한 의도에 의해 처벌받았던 것을 알았더라면 분노와 반항으로 대사(大事)를 그르칠 수도 있었다. 그러나 불

세출 스님이자 학자가 되어서 훈민정음 창제의 중추적 공헌자가
된 것은 당시의 조선을 위해서나 오늘날의 대한민국을 위해서나
신의 한 수가 된 것이다!

　여기에는 세종의 절대적인 신뢰와 후원도 큰 도움이 되었을
것이다. 예를 들면, 신미뿐만 아니라, 동생 김수온의 직급이 하
나씩 높아질 때마다 사림(士林)에서는 아버지 김훈의 불충(不忠)
죄를 빌미로 계속해서 서경(署經)해서는 안 된다고 반대하였다.

> 사헌부에서 아뢰기를, "… 이제 김수온을 정랑으로 삼았는데,
> 신 등은 생각하기를, 김수온은 김훈의 아들입니다. 훈의 아버
> 지가 상(喪)을 당하여 영동(永同)에 있었는데, 훈이 옥구(沃溝)에
> 서 길이 그곳을 지나면서 들어가 보지 아니하였고, 서울에 이르
> 러서는 곧 숙배(肅拜)하지 아니하고 가만히 공정대왕(恭靖大王, 정
> 종)을 뵈어서, 불충(不忠)과 불효(不孝)의 죄를 입었습니다. 이와 같
> 은 아들을 쓰는 것도 족하온데, 이제 또 정조(政曹)에 임명하게
> 하시니, 이와 같이 하오면, 뒷사람을 어떻게 징계하오리까. 모두
> 고치기를 청하옵니다." 하니, 임금이 이르기를, "수온의 일은,
> 옛적에 불충한 자의 아들·손자·동생·조카들을 모두 금고(禁錮)
> 시켰으나, 그 뒤에 대신과 국민이 모두 연좌(連坐)함은 옳지 못하
> 다고 하였으며, 혹은 윤대(輪對)에서 아뢰고, 혹은 글을 올려 말

하는 자가 있었다. 또 의정부의 의논으로 인하여 모두 허락해 통하게 하였으니, 수온도 이때에 비로소 시험에 나아가기를 얻어서 이미 과거에 올랐으니, 이 벼슬을 줌이 또 무엇이 불가하랴." 하고, 윤허하지 아니하였다. (세종 31/01/06, 1449)

세종 31년(1449) 1월 8일, 9일, 10일, 16일, 18일, 26일, 27일에도 벌떼처럼 사간원에서 상소가 올라왔지만, 세종은 윤허하지 않았다.

임금이 말하기를, "너희들이 옛일을 들어 말하니 이 같은 자는 모두 폐고(廢錮)시키고자 하느냐? … 내가 불충한 사람이 하나만이 아니라고 일렀는데, 홀로 김수온만 들어 말하는 건 무엇 때문인가? … 수온은 벼슬을 받은 게 이미 오래되었는데, 그때는 사헌부에서 말하지 않다가 지금에야 말하느냐?" … "알지 못하는 일을 임금에게 말을 올리는 것이 어찌 간관의 체통일까? 이렇게 하면서 부끄러워하지 아니하니, 이는 밖으로는 공의(公義)를 보이고, 안으로는 간교(奸巧)함을 품은 것이다." (세종 31/01/26, 1449)

이런 사연들에 앞서, 세종이 세자로 책정된 배경은 어땠는가? 그는 출생 신분으로 보아서는 원래 왕이 되기 매우 어려웠다. 아버지 이방원은 형제 중 셋째여서 왕위를 계승할 가능성이 없었으나, 두 차례에 걸친 왕자의 난을 통해 왕권을 잡았다. 이방원이 태종이 된 후에 셋째 아들인 이도(李祹)가 왕이 되는 과정역시 기이하다. 이미 장남인 양녕대군이 세자로 정해져 있었으나, 그의 기행으로 세자 자격을 박탈당하고 말았다.

"세자(양녕)의 행동이 지극히 무도(無道)하여 종사(宗社)를 이어받을 수 없다고 대소신료(大小臣僚)가 청(請)하였기 때문에 이미 폐(廢)하였다. … 옛사람이 말하기를, '나라에 훌륭한 임금이 있으면 사직(社稷)의 복(福)이 된다.'고 하였다. 효령대군(孝寧大君)은 자질(姿質)이 미약하고, 또 성질이 심히 곧아서 개좌(開坐)하는 것이 없다. 내 말을 들으면 그저 빙긋이 웃기만 할 뿐이므로, 나와 중궁(中宮)은 효령이 항상 웃는 것만 보았다. 충녕대군(忠寧大君)은 천성(天性)이 총명하고 민첩하고 자못 학문을 좋아하여, 비록 몹시 추운 때나 몹시 더운 때를 당하더라도 밤이 새도록 글을 읽으므로, 나는 그가 병이 날까 봐 두려워하여 항상 밤에 글 읽는 것을 금지하였다. 그러나 나의 큰 책(冊)은 모두 청하여 가져갔다. 또 치체(治體)를 알아서 매양 큰일에 헌의(獻議)하는 것이 진실로 합당하고, 또 생각 밖에서 나왔다. 만약 중국의 사신을 접

훈민정음은 어떻게 만들어 졌는가

대할 적이면 신채(身彩)와 언어 동작(言語動作)이 두루 예(禮)에 부합하였고, 술을 마시는 것이 비록 무익(無益)하나, 그러나 중국의 사신을 대하여 주인으로서 한 모금도 능히 마실 수 없다면 어찌 손님을 권하여서 그 마음을 즐겁게 할 수 있겠느냐? 충녕은 비록 술을 잘 마시지 못하나 적당히 마시고 그친다. 또 그 아들 가운데 장대(壯大)한 놈이 있다. 효령대군은 한 모금도 마시지 못하니, 이것도 또한 불가(不可)하다. 충녕대군이 대위(大位)를 맡을 만하니, 나는 충녕으로서 세자를 정하겠다." (태종 18/06/03, 1478)

기왕에 술 얘기가 나왔으므로, 세종은 술에 대하여 어떤 태도를 보였는가?

대사헌이 상소하기를, "술을 쓰는 길은 하나이니, 법도 있게 마시면 복을 받고, 법도 없이 마시면 화를 받습니다. … 전하께옵서는 세민(細民)들이 조금만 마셔도 곧 죄책(罪責)을 받는 것을 가엾게 여기사, 다만 그 영접하거나 전송할 때의 회음(會飮)하는 것만을 금지하도록 하신 것이온데, 무식한 무리들이 … 서로 모여 마시니, … 취한 뒤에는 서로 다투고 때리고 힐난하여 혹은 사람이 상하기까지 하오며, 다만 저 세민들 뿐 아니옵고, 사대부나 또는 신하들까지도 역시 많이들 마시오니, 청컨대 대소 제향

(祭享)과 각전(各殿)의 공상(供上)과 명나라의 사신·인국(隣國)의 객인(客人)을 위로하는 연회를 제외하고는 서울이나 지방의 공사간의 술 쓰는 것을 일절 금지하시와 헛된 소비를 덜게 하고, 예속을 이루게 하소서. … ” 하니, 임금이 말하기를, “술을 금지하는 일은 그 규찰(糾察)을 상밀하게 하지 못하여 왕왕 빈궁한 자가 우연히 탁주를 마시다가 붙잡히는 수가 있고, 호강하고 부유한 자는 날마다 마셔도 감히 누가 무어라고 말하지 못하니, 매우 고르지 못하므로 금하지 않는 것이 옳겠다. …” 하였다. (세종 11/02/25, 1429)

임금이 좌부대언 김종서에게 이르기를, “역대에 술로써 나라를 망친 일이 많았다. 나라만 그러할 뿐 아니라 사람 한 몸에도 그러하다. 내가 주계(酒戒)를 지어서 대소신료를 경계하고자 하니, 집현전으로 하여금 역대의 사적(事跡)을 뽑아 적어서 아뢰라.” 하였다. (세종 12/05/28, 1430)

사헌부에서 아뢰기를, “빈객(賓客) 윤회(尹淮)가 서연에 나아가서 강의를 맡아야 되는데 술에 취하여 참석하지 아니하였으니, … 그 죄를 다스리소서.” 하니, 허락하지 아니하였다. 인하여 윤회에게 이르기를, “경이 술을 마시어 도를 지나치는 일이 한 차례

훈민정음은 어떻게 만들어 졌는가

가 아니었고, 내가 경에게 술을 많이 마시지 못하게 한 것도 한 두 번이 아니었다. 신이 임금의 명령에 대하여는 물이나 불 속을 들어가라 하여도 오히려 피하지 않을 터인데, 하물며 그 밖의 일이겠는가. 자기의 주량을 생각하여 한두 잔쯤 마시든지, 반 잔쯤만 마신다면 그렇게 정신이 없고 체면을 잃게까지야 되겠는가. 이제부터는 부디 지나치게 마시지 말라. 따르지 않으면 죄를 받을 것이다." 하고, 들어와서 김종서에게 이르기를, "윤회가 술을 좋아하지만, 나는 그의 재주를 아껴서 과음하지 말라고 경계한 적이 있었는데, 얼마 되지 않아 또 과거나 다름이 없기 때문에, 다시 술을 조심하라는 명령을 내렸으나 조금도 고치는 빛이 없었고, 지금 또 취해 가지고 서연에 나아가지 않았으니, 세자를 보도(輔導)하는 도리에 있어 어떻겠는가. 임금의 명령은 아무리 어려운 일이라도 노력하여 따라야 될 터인데, 더구나 술을 삼가라는 명령을 따르기가 무엇이 그렇게 어렵단 말인가. 도리를 알 만한 선비도 이러하니 무식한 소인의 무리야 말할 것도 없다." 하였다. (세종 12/12/22, 1430)

"예로부터 술로써 몸을 망치는 자가 진실로 많습니다. 우선 우리나라 사람으로 말할지라도 봉녕군(奉寧君) 및 신장(申檣)·김고(金顧) 등이 술을 즐기고 밥을 적게 먹어서 그 몸을 잃었습니다.

… 엎드려 바라옵건대, 술을 과하게 먹지 못하게 하는 영을 내리면 거의 목숨을 잃는 데 이르지 않을 것입니다." 하니, 임금이 말하기를, "비록 굳게 금할지라도 그치게 할 수 없을 것이다." 하였다. 허조가 아뢰기를, "금사안자(金絲鞍子)를 사람마다 하였었으나, 금령(禁令)이 내린 뒤로부터 법을 범한 안장이 아주 끊어졌으니, 대저 위에서 법을 세우면 행하기 쉽습니다." 하니, 임금이 좋게 받아들이고, 승지들에게 이르기를, "허 판서의 말이 진실로 아름다우나, 그것을 금하기는 진실로 어렵다. 그러나 주고(酒誥)를 지어서 여러 신하들을 경계함이 가하다. 집현전 제술관을 데리고 오너라. 내가 장차 반포해 내려서 신하들을 경계하겠다." 하였다. (세종 15/03/23, 1433)

교지를 내리기를, "대체로 들으니, 술을 마련하는 것은 술 마시는 것을 숭상하기 위한 것은 아니고, 신명을 받들고 빈객을 대접하며, 나이 많은 이를 부양하기 위한 것이다. 그런 까닭에, 제사 때에 술 마시는 것은 술잔을 올리고 술잔을 돌려주고 하는 것으로 절차를 삼고, 회사(會射) 때에 술 마시는 것은 읍양(揖讓)하는 것으로 예를 삼는다. 향사(鄕射)의 예는 친목을 가르치기 위한 것이고, 양로의 예는 연령과 덕행을 숭상하기 위한 것이다. … 술의 해독은 크니, 어찌 특히 곡식을 썩히고 재물을 허비

훈민정음은 어떻게 만들어 졌는가

하는 일뿐이겠는가. 술은 안으로 마음과 의지(意志)를 손상하고 겉으로는 위의(威儀)를 잃게 한다. 혹은 술 때문에 부모의 봉양을 버리고, 혹은 남녀의 분별을 문란케 하니, 해독이 크면 나라를 잃고 집을 패망하게 만들며, 해독이 적으면 성품을 파괴하고 생명을 상실하게 한다. 그것이 강상(綱常)을 더럽혀 문란하게 만들고 풍속을 퇴폐하게 하는 것은 이루 다 열거할 수 없다."

"우선 그중에서 한두 가지 경계해야 할 것과 본받아야 할 것만을 지적하여 말하겠다. 상(商)나라의 주왕(紂王)과 주(周)나라의 여왕(厲王)은 술로 그 나라를 망하게 하였으며, 동진(東晉)의 풍속은 술 때문에 나라를 망하게 하였다. … 주(周)나라의 무왕(武王)은 주고(酒誥)를 지어 상(商)나라의 백성들을 훈계하였고, 위(衛)나라의 무공(武公)은 빈연(賓筵)의 시를 지어 스스로 경책(警責)하였다. … 원(元)나라의 태종(太宗)이 날마다 대신들과 함께 취하도록 술을 마시더니, 야율초재(耶律楚材)가 드디어 주조(酒槽)의 금속 주둥이를 가지고 가서 아뢰기를, '이 쇠[鐵]도 술에 침식(侵蝕)됨이 이와 같습니다. 더군다나 사람의 내장[五臟]이 손상되지 않을 수 있겠습니까.' 하매, 황제가 깨닫고 좌우의 모시는 사람들에게 칙명을 내려 날마다 술은 석 잔만 올리게 하여 끊었다. … 또 우리나라의 일을 가지고 말한다면, 옛날 신라가 포석정에서 패하고, 백제가 낙화암에서 멸망한 것이 술 때문이 아닌 것이 없다. 고려의 말기에는 상하가 서로 이끌고 술에 빠져 제멋대로 방자하게 굴다가 마침내 멸망하기에 이르렀으니, 이것도 또한 가까운 은감(殷鑑)이 되는 것이니 경계하지 않을 수 있겠는가."

"생각하건대, 우리 태조께서 일찍 큰 왕업의 터전을 만드시고, 태종께서 이어 지으시어 정치와 교화를 닦아 밝히시니, 만세에 지켜야 할 헌장을 남기셨다. 군중이 모여 술 마시는 것을 금지하는 조문을 법령에 명시하여, 오래 물들었던 풍속을 개혁하고 오직 새롭게 하는 교화를 이룩하였다. 내가 부덕한 몸으로 외람되게 왕업을 계승하게 되매, 밤낮으로 조심하고 두려워하여 편안히 다스리기를 도모하되, 지나간 옛날의 실패를 거울로 삼고 조종이 이루어 놓은 법을 준수하여, 예로써 보이고 법으로써 규찰하였다. 나의 마음 쓰는 것이 지극하지 않은 것이 없건만, 그대들 신민들은 술 때문에 덕을 잃는 일이 가끔 있으니, 이것은 전조(前朝)의 쇠퇴하고 미약하였던 풍조가 아직 다 없어지지 않기 때문인 것이므로, 내가 매우 민망하게 여긴다. 아아, 술이 해독을 끼침이 이처럼 참혹하건만 아직도 깨닫지 못하니 또한 무슨 마음들인가. 비록 국가의 장래를 생각하지는 못할망정, 제 한 몸의 생명도 돌아보지 않는단 말인가. 조정에 벼슬하는 신하인 유식한 자도 오히려 이와 같으니, 백성들이 무슨 일인들 안 하겠는가. 형사 소송이 자주 일어나는 것은 이것에서

훈민정음은 어떻게 만들어 졌는가

생기는 것이 많았다. 처음을 삼가지 않으면 말류(末流)의 폐해는 진실로 두려워할 만한 것이 될 것이다. 이것이 바로 내가 옛일을 고증하고 지금 일을 증거로 하여 거듭거듭 타이르고 경계하는 까닭이다. 그대들 중앙과 지방의 대소 신민들은 나의 간절한 생각을 본받고 과거 사람들의 실패를 보아서 오늘의 권면과 징계를 삼으라. 술 마시기를 즐기느라고 일을 폐(廢)하는 일이 없을 것이며, 술을 과음하여 몸에 병이 들게 하지 말라. 각각 너의 의용(儀容)을 조심하며 술을 상음(常飮) 말라는 훈계를 준수하여 굳게 술을 절제한다면, 거의 풍습을 변경시키기에 이를 것이다. 너희 예조에서는 이 나의 간절한 뜻을 본받아 중앙과 지방을 깨우쳐 타이르라." 하니, 예문 응교 유의손(柳義孫)이 기초한 글인데, 드디어 주자소에 명령하여 인쇄하여 중앙과 지방에 반포하게 하였다. (세종 15/10/28, 1433)

훈민정음 창제에는 설총이 만든 이두뿐 아니라 고도의 음운론과 문법적 지식이 필요했을 것인데, 신미야말로 준비된 언어 박사였다. 그가 언어학의 전문가였다는 것은 수많은 자료에서 확인된다. 신미가 복천암(福泉庵)에 머무를 때, "세종은 복천암에 머무르던 신미로부터 집현전 학사들에게 범어의 자음과 모음을 설명하게 했다."고 기록되어 있다. 이런 내용은 신미의 동생인 집현전 학사 김수온(金守溫)이 쓴 『복천사기』, 『효령대군 문집』, 『조선실록』 등에 기록되어 있다.

> 세종은 신미의 도(道)가 높다는 명성을 듣고 신미를 초대하여 여러 가지 이치를 토론한 바, 신미의 대답이 이치에 맞고 의리에 합당한지라, 이때부터 신미를 깊이 총애하고 만나는 날이 많아졌다(김수온, 『식우집 복천사기』). (世宗大王聞尊者名自山 召至賜坐從容談辨述 利義理精暢秦對稱 旨自是寵遇日隆) (金守溫, 拭疣集 福泉寺記)

김수온의 『복천사기』에 대한 사실의 과장이 있을 수도 있으나, 이 글은 왕명(王命)에 의하여 지은 것으로, 당시의 시대적 상황으로 보나 임금의 치열한 역사 인식으로 보나 사실로 믿을 수 있을 것이다.

> "그리고 신(臣) 불초(不肖) 괴애(김수온)에게 그 기문(記文)을 지으라 명하시었습니다. … 이해 봄 2월에 어명을 받들어 그 사적(事蹟)을 이렇게 기록합니다." (김수온, 『복천사기』)

『영산김씨 대동보』에도 "신미는 집현전 학사로서 세종의 총애를 받았다(得寵於世宗)"고 분명히 기록되어 있다. 세종과 신미가

훈민정음은 어떻게 만들어 졌는가

언제 처음 만났는가에 대해서는 많은 이견이 있지만, 이상의 기록으로 봐서도, 훈민정음 창제 때보다는 훨씬 전에 만났을 것으로 추정된다. 위의 『복천사기』에서 "이때부터 신미를 깊이 총애하고 만나는 날이 많아졌다."에서 "이때부터 신미를 더욱 깊이 총애하고 만나는 날이 많아졌다."로 풀이하면 이미 만나왔던 사이로 되는 것이다.

　세종은 즉위하자마자 함허당 득통(1376~1433)과 교류하면서 『금강경』, 『능엄경』을 읽고 감동했다고 한다. 세종의 모친 원경왕후가 56세인 1420년(세종 2년) 세상을 뜨자, 세종은 득통을 청하여 명복을 빌게 하였다. 원경왕후가 헌릉(獻陵)에 안장되었는데, 세종은 대비의 능이 외로워 보인다는 이유로 근처에 능을 수호할 사찰을 지으려고 한 것을 보면 불교에 관심이 없었던 것은 아니다(세종 2/07/11, 1420). 득통이 원경왕후를 위한 영가법문에서, 자리에 앉아 향을 들고 말하였다.

> "이 향은 뿌리가 공륜(空輪, 불교의 우주관에서 가장 아래에 있는 허공)까지 뻗었고, 잎은 유정천(有頂天)을 덮었는데, 주상전하께서 길이길이 임금 가운데 으뜸이 되시고, 오래도록 모든 백성의 의지처가 되어 주시길 바랍니다." 득통기화, 『함허당득통화상어록』 박해당 옮김(2017). (동국대학교 출판부. p.35.)

이때는 신미가 이미 득통의 제자가 된 지도 2년이 지났으므로, 정찬주의 소설 『천강에 비친 달』에 나오는 내용처럼 세종과의 만남이 있었을 가능성이 있다. (최시선 p.104에도 같은 주장) 왜냐하면 신미의 이력을 보면, 1418~1422년(16~19세) 양주 회암사, 가평 현등사, 고양 대자암 등에서 함허당을 모시고 받들었다는 기록이 있기 때문이다. 그 후에도 신미에 대한 기록이 있다.

> 행호(行乎)는 효령대군의 귀의(歸依)를 받아 궁중에 불교를 보급했다. 신미는 간사한 중 행호의 무리이다. 세종 20년(1438), 행호가 부름을 받고 서울에 올라와 하루는 남의 집에 있는데 부녀들이 많이 모여들었다. … 행호가 죽으니 그 무리들이 추모하여 게송을 지어서, 속여서 효령대군 이보(李補)에게 주고, 또 다른 사리(舍利)를 속여서 신이(神異)한 것을 표하니 효령이 믿었다. 뒤에 그 무리들이 재물을 다툼으로 인하여 발각이 되었는데, 관에서 그 죄를 다스리려고 하였으나, 효령이 극력 구제하여 면하였다. (문종 즉위년 07/07, 1450)

그리고 『복천보감(福泉寶鑑)』과 『수암실기(秀巖實記)』에 신미가 세종대왕의 총애를 받아 집현전 학사가 되어 정음청에서 언해와 세종대왕의 훈민정음 창제에 크게 보필했다. "세종은 신미를 발

훈민정음은 어떻게 만들어 졌는가

탁하여 그 학덕과 도력을 신망하고, 집현전 학사들로 하여금 훈민정음 창제에 자문하였더니, 신미는 범어와 서역어 등의 언어에 능통하여 이것을 참고로 훈민정음을 완성케 되니, 세종대왕은 대열(大悅)하시고 신미의 공로를 크게 찬탄하고, 복천암에 미타 삼존상(彌陀三尊像)을 조성하여 봉안케 하였다."

신미와 관련된 다라니나 초상화에는 범어로 된 글들이 배경에 있다. 오대산 상원사에서 발견된 다라니라든지, 1975년 제주 고관사 고불속 복장에서 나온 신미, 학열의 이름이 적힌 범어 진언과 다라니 등 복장물이 발견되었는데, 그는 범어에 능통하였다는 것을 보여준다.

〈사진 21〉 오대산 월정사에서 발견된 복장 다라니(伏藏陀羅尼)

〈사진 22〉 제주도 고관사에서 발견된 범어로 된 신미 관련된 복장 다라니

세종은 백성을 위해 쉬운 문자를 만드는 것이 일생일대의 꿈이자 프로젝트였고, 이를 위하여 고심하고 있던 차에 신미는 천군만마의 역할을 했다. 신미는 세종의 제안을 천금(千金) 같은 기회로 여겼을 것이고, 세종의 원대한 꿈을 이루기 위해 헌신적으로 일했다. 정음 창제의 공표 전, 1443년(세종 25년) 3월에 온양온천에 갔었고, 이듬해인 세종 26년(1444)에는 두 차례(3월~5월 및 7월~9월)나 청주 초수리 냉천에 갔는데, 이는 신미를 만나기 위한 행차이기도 했으리라. 세종은 건강이 극도로 악화된 중에도 훈민정음 연구를 쉬지 않고 했을 것이며, 신미 역시 각고의 노력을 했

훈민정음은 어떻게 만들어 졌는가

다는 유력한 증거이다. 1444년 3월의 청주 행차에 대하여 최만리 등의 상소는 다음처럼 언급하였다.

"만일에 언문은 할 수 없어서 만드는 것이라 한다면, 이것은 풍속을 변하여 바꾸는 큰일이므로, 마땅히 재상으로부터 아래로는 백료에 이르기까지 함께 의논하되, 나라 사람이 모두 옳다고 하여도 오히려 선갑(先甲) 후경(後庚)하여 다시 세 번을 더 생각하고, 제왕에 질정하여 어그러지지 않고 중국에 상고하여 부끄러움이 없으며, 백 세라도 성인을 기다려 의혹 됨이 없은 연후라야 이에 시행할 수 있는 것이옵니다. 이제 넓게 여러 사람의 의논을 채택하지도 않고 갑자기 이배(吏輩) 10여 인으로 하여금 가르쳐 익히게 하며, 또 가볍게 옛사람이 이미 이룩한 운서를 고치고 근거 없는 언문을 부회(附會)하여 공장(工匠) 수십 인을 모아 각본하여서 급하게 널리 반포하려 하시니, 천하 후세의 공의(公議)에 어떠하겠습니까. 또한 이번 청주 초수리(椒水里)에 거동하시는 데도 특히 연사가 흉년인 것을 염려하시어 호종하는 모든 일을 힘써 간략하게 하셨으므로, 전일에 비교하오면 10에 8, 9는 줄어들었고, 계달하는 공무에 이르러도 또한 의정부에 맡기시어, 언문 같은 것은 국가의 급하고 부득이하게 기한에 미쳐야 할 일도 아니온데, 어찌 이것만은 행재(行在)에서 급급하게 하시어 성궁(聖躬)을 조섭하시는 때에 번거롭게 하시나이까. 신 등은 더욱 그 옳음을 알지 못하겠나이다." _(세종 26/02/20, 1444)

정음을 창제한 후에도 이에 관한 연구에 몰두하고 있었던 세종의 모습이 생생하게 묘사되어 있다. 그렇다면 청주 행차의 주요 목적은 무엇이었던가? 바로 훈민정음 창제를 협찬한 신미를 만나기 위해서였고, 좀 더 완벽한 문자를 만들기 위한 독려와 지도가 포함된 방문이었으리라. 바로 창제한 언문을 더욱 완성하기 위해서 서둘러서 초수리를 방문한 것을 최만리의 상소가 설명하고 있다. 이보다 더 분명한 역사적 기록이 어디 있겠는가?

보은에 기록된 신미 대사 약력

1403년 출생: 영산김씨, 본명 김수성(金守省). 아버지 김훈(金訓)과 어머니 여흥이씨
　　　　의 장남.
1415년 (13세): 성균관 입학.
1416년 (14세): 아버지가 유배됨에 따라 성균관에서 퇴학당함.
1417년 (15세): 출가하여 양주 천보산 회암사에 입적함. 함허당 득통의 제자가 되어
　　　　법명 신미(信眉)를 받음.
1419년 (17세): 아버지 김훈, 이종무를 따라서 대마도 정벌에 참전.
1418년 (16세): ~ 1422년 (19세) 양주 회암사, 가평 현등사, 고양 대자암 등에서 함허
　　　　당을 모시고 받듦.

1424년 (22세): 속리산 법주사에서 수미(守眉) 대사와 만남.

1426년 (24세): 속리산 법주사로 가서 두문불출.

1445년 (43세): 경기도 대자암으로 옮김.

1446년 (44세): 세종대왕의 비 소헌왕후가 별세하자 궁궐에서 '불경(佛經)'을 금으로
베껴 쓰고 전경법회(轉經法會)를 열었을 때, 신미(信眉)가 그 예식을 주관함.

1449년 (47세): 신미와 동생 김수온(金守溫)은 세종을 도와 내불당(內佛堂)을 궁 안에
짓고 법요(法要)를 주관하고, 김수온은 찬불가 『사리영응기』를 지음. 또한 복
천사(福泉寺)를 중수하고 그곳에 아미타삼존불을 봉안함.

1450년 (48세): 1월 26일: 세종은 병환이 깊어지자 신미를 불러 침전 안으로 맞아들
여 설법(說法)을 듣고 높은 예(禮)로서 대우함.

2월 4일: 세종이 승하하기 전, 신미에게 "선교종도총섭 밀전정법 비지쌍운 우국
이세 원융무애 혜각존자(禪敎宗都摠攝 密傳正法 悲智雙運 祐國利世 圓融無碍 慧覺尊
者)"라는 법호를 전하라는 유훈을 남김.

4월 6일: 문종, 세종의 유지(遺旨)에 따라 신미의 승직 제수 제안.

6월 6일: 고양 대자암 불사와 세종의 국상을 끝내고 속리산 복천사로 돌아옴.

7월 6일: 문종, "선교종도총섭 밀전정법 비지쌍운 우국이세 원융무애 혜각존자(禪
敎宗都摠攝 密傳正法 悲智雙運 祐國利世 圓融無碍 慧覺尊者)"라는 법호를 신미에게
내림.

8월 7일: 문종이 빗발치는 유신들의 항의에 굴복하여 신미의 칭호를 "대조계 선
교종 도총선 밀전정법 승양조도 체용일여 비지쌍운 도생이물 원융무애 혜
각종사(大曹溪禪敎宗都摠攝密傳正法 承揚祖道體用一如悲智雙運度生利物圓融無礙 慧
覺宗師)로 고침.

1457년 (55세): 합천 가야산 해인사로 옮김. 수미와 함께 세조의 지원을 받아 영양
도갑사를 중건함.

1458년 (56세): 수미, 학열 등과 함께 해인사 대장경 50부를 인출하여 각 도의 명산
대찰에 분장(分藏)하는 일을 감독함.

1459년 (57세): 경복궁 내불당에 들어가 학열과 학조의 시봉을 받으면서, 세조를 도
와 수미, 설준, 홍준, 효운 등과『월인석보』간행을 도움. 학열, 학조와 함께
복천사로 돌아옴.

1460년 (58세):『몽산화상법어약록(언해)』에 신미가 한글로 구결을 달고 언해하여 간
행함.

1461년 (59세): 경복궁 내불당으로 다시 들어감. 세조의 부름을 받아 세조가 구결하
고, 한계회와 김수온이 언해한『능엄경언해』를 신미가 학열, 학조와 함께
교정을 보아 편찬함. 세조가 궁중에 간경도감(刊經都監)을 설치함. 이때부터
1468년(66세)까지 여러 스님들과 함께 간경도감에서 불경 원전 31종 500권
과 불경 언해본 9종 35권을 편찬하는데 신미가 주도적으로 참여함.

1464년 (62세): 간경도감에서 세조가 구결을 달고 신미가 언해한『선종영가집언해』
상하권을 간행함. 오대산 상원사로 들어가 주석하고, 상원사 중창을 권해
신미가 세조에게 도움을 청한 편지와 세조가 답장한 권선문(언해본)이 전함.

1465년 (63세): 간경도감에서『대방광원각수다라요의경 언해(원각경 언해)』를 세조가
구결을 달고, 신미, 효령대군, 한계희 등이 언해하여 간행함.

1467년 (65세): 간경도감에서『목우자수심결 언해』와『법어 언해』를 신미가 번역하
여 간행함.

1468년 (66세): 상원사에 주석하고, 유점사와 낙산사 중창 불사를 관장함. 학열, 학
조와 함께 세조의 승하 빈전에서 법석을 베풂.

1469년 (67세): 현등사에 주석함.

1473년 (71세): 4월 15일 학열과 함께 복천사로 다시 내려옴.

1474년 (72세): 강원도 평해군(경북 울진) 백암산(백암온천)으로 주석처를 옮김.

1477년 (75세): 낙산사로 옮겨 안거함.

1478년 (76세): 낙산사에서 상원사로 거처를 옮김.

1479년 (77세): 상원사에서 복천사로 다시 돌아와 안거함.

1480년 (78세) 5월, 복천사에서 입적함(법랍 64세).

　　　　8월, 복천사 동쪽 산언덕에 부도 '수암화상탑(秀庵和尙塔)'을 세움.

신미는 자작(自作) 문헌을 많이 남기진 않았지만, 『석보상절』의 편집을 실질적으로 이끌었고, 2,300여 쪽에 달하는 『선종영가집』, 『수심결』, 『몽산화상법어약록』 등 고승 법어집을 번역하였다. 신미의 오언율시가 전해지는데, 조선 중기 김덕겸이 복천사를 방문한 후 발견하여 『청륙집(靑陸集)』에 수록한 것으로, 신미가 어찰에 답하는 형식으로 세조를 복천사로 초대하는 편지글이다.

踏盡霜林葉(답진상림엽)	서리맞은 숲의 낙엽을 밟으며
行尋古寺幽(행심고사유)	고찰 찾아오는 길이 그윽하나이다.
水舂雲碓夕(수용운대석)	물레방아 찧은 저녁노을 날은 저물고
僧倚石樓秋(승의석루추)	승(僧)은 가을 누각에 의지하여 있나이다.
泉帶鑾聲在(천대란성재)	샘물은 임금님 수레 말방울 소리 같고
神扶御札留(신부어찰류)	신령이 도와 어찰에 유념하옵니다만
俗離離不得(속리리불득)	속리산을 떠날 수가 없사옵니다.
容我一來遊(용아일래유)	용서하시고 한번 내유하시옵소서

−박한열(2018), 신미대사의 흔적을 찾아서, 영동문화 통권 34호, 74쪽.

8. 훈민정음 창제의 동기와 목적

　세종이 꿈꾸고 상상하고 기획하지 않았다면, 한글은 이 세상에 없었을 것이다. 세종의 언어에 관한 상상력으로부터 문자 창제의 기획은 언제부터인가? 그러나 어디에도 한글 창제에 관한 세종이 관련된 기록은 별로 없다. 우리는 다만 역사적 사건과 기록 속에서 상상하고 추측하면서 작은 퍼즐을 맞출 뿐이다.

　충녕대군, 즉 세종은 성격 자체가 어질었다. 태종의 셋째 딸 경안궁주(慶安宮主) 역시 예쁘고 총명하고 지혜로워 태종과 중전의 사랑을 독차지했는데, 두 남매가 서로 닮았다. 궁주는 충녕의 사람 됨됨이가 날로 좋아지는 것에 감탄하기도 했다.

… 경안궁주와 충녕대군(忠寧大君)은 천성과 기품이 서로 닮아서, 궁중에서 그 어짊[賢]을 함께 일컬었다. 궁주는 매양 충녕의 덕기(德器)가 날로 이루어짐을 감탄하였으니, 보통 사람이 아니었다. (태종 15/04/22, 1415)

왕명을 전하는 대언이 아뢰기를, "걸식하는 사람이 미처 진휼(賑恤, 도움)을 받지 못하여 충녕대군(忠寧大君)에게 여쭌 자가 있습니다." 하니, 임금(태종)이 말하기를, "서울과 외방의 굶주린 백성을 이미 유사(有司)로 하여금 자세히 물어서 진제(賑濟)하게 하였는데, 무슨 까닭으로 유사가 빠짐없이 물어서 고루 주지 못하여 스스로 대군에게 말하게 하였는가? 대군이 다만 내가 굶주리고 추워하는 사람을 불쌍히 여기는 것을 보았기 때문에 듣고 본 것이 있으면 곧 반드시 와서 고하는 것이다. 지난번에 또한 이와 같은 자가 있었는데, 내가 특별히 주라고 명하였다…" 정역(鄭易)은, "대군이 마음에 굶주리고 추운 사람을 불쌍히 여기기 때문에 문득 상문(上聞)한 것입니다. 만일 불가하다고 한다면 하정(下情)이 상달할 길이 없으니, 백성은 더욱 곤할 것입니다." 하였다. (태종 15/11/06, 1415)

이는 왕의 애민(愛民)과 인도주의로 발현되었다. 세종은 백성을 사랑했고, 백성의 어려운 현실에 대하여 가슴 아파하고, 이를 해결하기 위해서 백방으로 노력했다. 매사에 긍정적이고 적극적이었고, 대화와 소통의 달인이었다. 언어 창제에 대한 결심과 실천 역시 그랬을 것이다.

훈민정음 창제 15년 전인 1428년, 진주에서 아버지를 살해한 사건이 발생하였다.

> 경연에 나아갔다. 임금이 일찍이 진주(晉州) 사람 김화(金禾)가 그 아비를 살해하였다는 사실을 듣고, 깜짝 놀라 낯빛을 변하고는 곧 자책(自責)하고 드디어 여러 신하를 소집하여 효제(孝悌)를 돈독히 하고, 풍속을 후하게 이끌도록 할 방책을 논의하게 하니, 판부사(判府事) 변계량(卞季良)이 아뢰기를, "청하옵건대 『효행록(孝行錄)』 등의 서적을 널리 반포하여 항간의 영세민으로 하여금 이를 항상 읽고 외게 하여 점차(漸次)로 효제와 예의(禮義)의 마당으로 들어오도록 하소서." 하였다. 이에 이르러 임금이 직제학(直提學) 설순(偰循)에게 이르기를, "이제 세상 풍속이 박악(薄惡)하여 심지어는 자식이 자식 노릇을 하지 않는 자도 있으니, 『효행록』을 간행하여 이로써 어리석은 백성들을 깨우쳐 주려고 생각한다. …" (세종 10/10/23, 1428)

훈민정음은 어떻게 만들어 졌는가

이 사건을 계기로 세종은 백성의 교화를 위해 『효행록』 간행을 지시했고, 결국 고려 말에 간행되었던 『효행록』을 증보하여 새로운 『효행록』을 만들었다. 여기에 사례를 더 수집하고 추가하여 1434년에 『삼강행실도』를 간행했다. 1432년(세종 14년) 11월, 『세종실록』에 다음과 같은 기록이 있다.

> 상참을 받는 자리에서 세종이 신하에게 이르기를, "비록 사리(事理)를 아는 사람이라 할지라도, 율문(律文)에 의거하여 판단이 내린 뒤에야 죄(罪)의 경중(輕重)을 알게 되거늘, 하물며 어리석은 백성이야 어찌 범죄한 바가 크고 작음을 알아서 스스로 고치겠는가. 비록 백성들로 하여금 다 율문을 알게 할 수는 없을지나, 따로 큰 죄의 조항만이라도 뽑아 적고, 이를 이두문[吏文]으로 번역하여서 민간에게 반포하여 보여, 우부우부(愚夫愚婦)들로 하여금 범죄를 피할 줄 알게 함이 어떻겠는가." 하니, 이조판서 허조(許稠)가 아뢰기를, "신은 폐단이 일어나지 않을까 두렵습니다. 간악한 백성이 진실로 율문을 알게 되오면, 죄의 크고 작은 것을 헤아려서 두려워하고 꺼리는 바가 없이 법을 제 마음대로 농간하는 무리가 이로부터 일어날 것입니다." 하므로, 임금이 말하기를, "그렇다면, 백성으로 하여금 알지 못하고 죄를 범하게 하는 것이 옳겠느냐. 백성에게 법을 알지 못하게 하

고, 그 범법한 자를 벌주게 되면, 조사모삼(朝四暮三)의 술책에 가깝지 않겠는가. 더욱이 조종(祖宗)께서 율문을 읽게 하는 법을 세우신 것은 사람마다 모두 알게 하고자 함이니, 경 등은 고전을 상고하고 의논하여 아뢰라." … "허조의 생각에는, 백성들이 율문을 알게 되면 쟁송(爭訟)이 그치지 않을 것이요, 윗사람을 능멸하는 폐단이 점점 있게 될 것이라 하나, 그러나 모름지기 세민(細民)으로 하여금 금법(禁法)을 알게 하여 두려워서 피하게 함이 옳겠다." 하고, 드디어 집현전에 명하여 옛적에 백성으로 하여금 법률을 익히게 하던 일을 상고하여 아뢰게 하였다.

(세종 14/11/07, 1432)

그러나 고려와 조선에서 사용하던 이두는 한자를 빌려 쓰는 것이어서, 매끄럽지 않고 막혀서 답답하였다. 정인지의 표현처럼, 이두는 모난 자루를 둥근 구멍에 끼우는 것과 같아서 소통할 때 막힘이 많았다. 그리고 일정한 규범이 없어, 실제 언어 사용에서는 한계가 너무 많았다. 특히 범죄 사건을 다루는 관리는 자세한 사정을 파악하기가 어려웠다. 이런 한계를 가장 체감한 분이 바로 세종이었다. 1434년(세종 16년) 군신·부자·부부의 벼리에 관한 『삼강행실(三綱行實)』을 만들어서, 인쇄·교육하여 백성들이 이를 실천하게 하였다. 그리고 이때 이미 새로운 문자를 구상

훈민정음은 어떻게 만들어졌는가

한 것으로 보인다.

"이에 유신(儒臣)에게 명하여 고금의 충신(忠臣)·효자·열녀 중에서 뛰어나게 본받을 만한 자를 뽑아서 그 사실을 기록하고, 아울러 시찬(詩贊)을 저술하려 편집하였으나, 오히려 어리석은 백성들이 아직도 쉽게 깨달아 알지 못할까 염려하여, 그림을 붙이고 이름하여 『삼강행실(三綱行實)』이라 하고, 인쇄하여 널리 펴서 거리에서 노는 아이들과 골목 안 여염집 부녀들까지도 모두 쉽게 알기를 바란다. … 다만 백성들이 문자를 알지 못하여 책을 비록 나누어 주었을지라도, 남이 가르쳐 주지 아니하면 어찌 그 뜻을 알아서 감동하고 착한 마음을 일으킬 수 있으리오." "감사(監司)·수령(守令)은 널리 학식이 있는 자를 구하여 귀천(貴賤)을 가리지 말고, 항상 가르치고 익혀서 효도, 충성, 부부 도리를 알게 하여, … 교화(敎化)가 행하여지고 풍속이 아름다워져서 더욱 지치(至治)의 세상에 이르게 될 것이다." (세종 16/04/27, 1434).

〈사진 23〉『삼강행실도』(그림 다음에 문자로 설명)

　　이러한 사실을 종합해 볼 때, 훈민정음 창제의 목적은 크게 세 가지로 요약할 수 있겠다(김광해, 『한글 창제와 불교 신앙』, 1992). 첫째, 편민(便民), 즉 백성의 문자 생활의 불편을 덜어주기 위해서 배우기 쉽고 쓰기 편한 문자를 제공하겠다는 것이다. 그것은 최만리 상소에 대한 힐문에서, "또 이두를 제작한 본뜻이 백성을 편리하게 하려 함이 아니하겠느냐. 만일 그것이 백성을 편리하게 한 것이라면 이제의 언문은 백성을 편리하게 하려 한 것이다."(且吏讀制作之本意, 無乃爲其便民乎? 如其便民也, 則今之諺文, 亦不爲便民乎?) (세종 26/02/20, 1444). 『훈민정음 해례본』과 『언해본』의 서문에 그 창제의 동기가 분명히 적혀 있다.

훈민정음은 어떻게 만들어 졌는가

"나랏말이 중국과 달라 문자와 서로 통하지 아니하므로, 우매한 백성들이 말하고 싶은 것이 있어도 마침내 제 뜻을 잘 표현하지 못하는 사람이 많다. 내 이를 딱하게 여기어 새로 28자(字)를 만들었으니, 사람들로 하여금 쉬 익히어 날마다 쓰는 데 편하게 할 뿐이다(國之語音, 異乎中國, 與文字不相流通, 故愚民有所欲言, 而終不得伸其情者多矣。予爲此憫然, 新制二十八字, 欲使人(易)〔易〕 習, 便於日用耳)."

(세종 28/09/29, 1446)

세종은 백성이 훈민정음을 통해 새로운 지식과 정보를 습득하고, 편안한 삶을 살기 원했다. 훈민정음으로 된 책을 통해 성현의 가르침, 지혜, 올바른 태도 등을 배우길 바랐다. 훈민정음은 과연 배우기 쉬운 문자인가? 당시에 정인지 근서에서, "슬기로운 사람은 하루아침이 다 가기도 전에, 어리석은 사람도 열흘 안에 배울 수 있다." 즉, 너무 쉽게 배우는 것이 불만이었다.

둘째, 조선 한자음을 정리하고자 함에 있어서 그 발음을 표기할 수 있는 수단으로 사용하겠다는 것이다. 훈민정음을 만들자마자 『운회(韻會)』의 번역에 착수한 것이라든가, 여러 해의 편찬 끝에 『동국정운』을 간행한 것이 그 근거이다(이기문, 1974; 정광, 『한글의 발명』 2015). 전술한 것처럼, 신숙주와 성삼문으로 하여금 요동의 황찬을 방문하여 한자음의 정리와 음역에 공헌한 것도 그

한 예일 것이다.

"공손히 생각하건대, 우리 주상 전하(主上殿下)께옵서 유교를 숭
상하시고 도(道)를 소중히 여기시며, 문학을 힘쓰고 교화를 일
으킴에 그 지극함을 쓰지 않는 바가 없사온데, 만기(萬機)를 살
피시는 여가에 이일에 생각을 두시와, 이에 신(臣) 신숙주(申叔舟)
와 수 집현전 직제학(守集賢殿直提學) 신(臣) 최항(崔恒) 등에게 세속
의 습관을 두루 채집하고 전해 오는 문적을 널리 상고하여, 널
리 쓰이는 음(音)에 기본을 두고 옛 음운의 반절법에 맞추어서
자모(字母)의 칠음(七音)과 청탁(淸濁)과 사성(四聲)을 근원의 위세
(委細)한 것까지 연구하지 아니함이 없이 하여 옳은 길로 바로잡
게 하셨사온데, 신들이 재주와 학식이 얕고 짧으며 학문 공부
가 좁고 비루하매, 뜻을 받들기에 미달(未達)하와 매번 지시하심
과 돌보심을 번거로이 하게 되겠삽기에, 이에 옛사람이 편성한
음운과 제정한 자모를 가지고 합쳐야 할 것은 합치고 나눠야 할
것은 나누되, 하나의 합침과 하나의 나눔이나 한 성음과 한 자
운마다 모두 위에 결재를 받고, 또한 각각 고증과 빙거를 두어
서, 이에 사성(四聲)으로써 조절하여 91운(韻)과 23자모(字母)를
정하여 가지고 어제(御製)하신 『훈민정음』으로 그 음을 정하고,
또 '질(質)'·'물(勿)' 둘의 운(韻)은 '영(影)'으로써 '래(來)'를 기워서

훈민정음은 어떻게 만들어 졌는가

속음을 따르면서 바른 음에 맞게 하니, 옛 습관의 그릇됨이 이에 이르러 모두 고쳐진지라, 글이 완성되매 이름을 하사하시기를, 『동국정운(東國正韻)』'이라 하시고 …" (세종 29/10/16, 1447).

그리고 당시의 상황으로 봐서 한자를 아우르는 훈민정음의 창제야말로 당시의 천하를 두루두루 통하게 하는 문자가 된 것이다. 앞에서도 언급했듯, 중국인은 컴퓨터 사용 시, 한자 입력을 해결하기 위해서 먼저 같은 소리의 알파벳을 입력하면 여러 한자가 뜨고, 여기서 맞는 것을 고른다. 그러나 로마자 병음(竝音) 중 어떤 것은 중국어 발음을 제대로 표현하지 못하여 배우기도 어렵고 혼동할 수 있는 문제가 있다. 당시 로마자 대신 한글로 발음을 표기하자는 제안도 있었다고 하는데, 배우고 쓰기 쉬운 한글로 했더라면 더욱 잘 해결될 수 있지 않았을까? 500여 년 전, 세종대왕께서 이런 문제까지 고려했을까, 생각하면 저절로 미소가 지어진다.

셋째, 백성에 대한 교화(敎化)이다. 세종은 그때까지 사용하던 이두로는 백성들이 법조문을 이해하는데 오해·오역할 여지가 많고, 필요한 덕목을 배우기에 한계가 있다고 판단하였다. 이에 대해선 백성의 교화를 주장한 서울대 김주원 교수의 설명을 덧붙인다.

"내가 만일 언문(한글)으로 삼강행실을 번역하여 민간에 반포하면, 어리석은 남녀가 모두 쉽게 깨달아서 충신, 효자, 열녀가 반드시 무리로 나올 것이다." (세종 26/02/20, 1444)

세종의 이런 논리에 대하여, 정창손은 1444년 2월 "『삼강행실도』를 보급한 후에도 충신·효자·열녀의 무리가 나올 수 없는 것은 가르친다고 되는 것이 아니라 사람의 태어난 자질 여하에 달려있기 때문입니다."라는 반대 논리로 세종에게 대든다. 정말로 안하무인의 예의도 모르는 무식한 말이라고 하겠다. 이 말을 들은 세종은 "이따위 말이 어찌 선비의 이치를 아는 말이겠느냐. 아무짝에도 쓸모없는 용속한 선비이다."라며 정창손을 파직하였다. 너무나도 당연한 질책이며 응보이다. 세종은 백성이 잘 배우면 교화 가능하다고 믿고 있었고, 순자가 주장한 예(禮)의 교육과 실천을 통해 달성할 수 있다고 보았으며, 이는 현대의 교육이론과도 부합한다. 세종은 삼강행실도 보급을 포함하여 그렇게 노력한 공력에 창손이 찬물을 뿌리는 무례한 행위에 분노하였다. 정창손이 주장한 일종의 선민사상은 오늘날 전혀 인정하지 않는다. 특히 사람이 현생 중에 거듭남을 핵심 교리로 삼는 기독교적 가치나 다른 종교적 가르침이 널리 퍼진 현대 사회에선 더욱 그럴 것이다.

한편, 신미는 한자로 된 불교 경전이 일반 백성이 이해하기에는 너무 어렵다는 것을 깨달았고, 이를 쉽게 적을 방법이 없을까 고심했음에 틀림없다. 신미는 한문으로 된 불경이 어려울 뿐만 아니라 부처님의 가르침을 온전히 담고 있지 못하다는 것을 알고, 직접 범어를 공부했다고 전해진다. 세종은 백성을 교화하고, 신미는 중생을 깨우친다는 면에서 목표가 일치한다. 훈민정음 창제 후, 방대한 불교 경전을 언해한 것이 그 증거인데, 거의 모든 책이 신미의 손을 거쳐서 번역되었다.

세종은 우민(愚民)이 글을 읽을 수 있게 해야겠다는 동기를 강하게 느끼고, 이를 위하여 펴낸 『삼강행실도』를 절실히 번역하고 싶었을 것이지만, 『삼강행실도 언해본』은 증손자 대인 1490년(성종 21)에야 간행되었다. 이 『언해본』이 늦어진 것도 훈민정음 창제와 반포 과정에 유학자들의 참여가 적극적이지 않았다는 증거이다. 어쨌든 세종이 간행하도록 한 『삼강행실도』는 조선시대 윤리관 및 가치관 유지에도 큰 영향을 끼쳤다.

21세기에 와서 램지(Ramsey, 2010) 교수는 한글의 우수성, 과학성은 이제 더 이상 이야기할 필요도 없을 만큼 널리 알려지고 인정받은 것이며, 오히려 한글 창제의 애민정신이야말로 인류의 공존공영을 위해서 필요하고 그런 의미에서 21세기에 한글의 역할이 있다고 보았다(김주영, 『훈민정음』).

"한글의 창제는 한국뿐 아니라 현대 세계의 모든 인류에게 속한 인간적 가치를 나타낸다. 그런 보편적 가치 중의 하나는 근대 이전에는 결코 볼 수 없었던 이성적 사고와 과학적 방법이다. 또 하나의 보편적 가치는 사회적 약자를 위한 배려이다. 귀족주의적이고 관료주의적인 사회에서 세종은 문맹 타파의 열정적 옹호자였던 것이다. 세종은 일반인들뿐만 아니라 부녀자도 글을 읽을 수 있게 해야 한다고 주장하였다."

램지가 날카롭게 지적한 세종의 사회적 약자를 위한 배려는 다음의 기록에서도 알 수 있다. 법을 모르고 억울한 옥살이를 하는 백성들의 사례를 접한 세종이 앞으로는 단 한 사람이라도 억울해하는 일이 있어서는 안 된다는 신념으로 한글 창제를 추진한 것이라고도 설명할 수 있다.

형조에서 아뢰기를, "곡산(谷山)에 사는 양민 여자 약노(藥奴)의 주문(呪文) 외어서 살인하였다는 사건은 이미 문초당하면서 고백하였으므로 … 법대로 처치하기를 청하옵니다." 하니, 세종이 약노(藥奴)의 사건을 의금부에 내려보내 조사하게 했다. "임금께서 너의 여러 해 동안 갇혀서 때리는 매에 고통당하는 것을 불쌍하고 딱하게 여기시어 사정의 실상을 알고 싶어 하시니, 네가 과연 주문 외는 술법으로 사람을 죽이었으면 사형을 받아도 마땅하겠지마는, 만약 매에 못 이기어 거짓 자복하였다면 진실로 가엾고 딱한 일이다. 그러니 사실대로 대답하라." 하니, 약노가 하늘을 우러러 크게 울며 말하기를, "저는 본래 주문 외는 일은 알지도 못합니다. 그 사람의 죽은 것이 마침 내가 밥을 먹여 주었던 때이므로, 그것으로 나를 의심하여 강제로 고문을 수없이 하여 꼭 자복을 받으려 하므로, 고문과 매질을 견디지 못하여 거짓 자복하였습니다. 이제 비록 실정대로 말하여도 또 형장을 쓸 것이니, 내가 어떻게 견디어 내겠습니까. 죽기는 마찬가지입니다. 태장(笞杖)을 당하는 것이 한번 죽는 것만 같지 못하오니, 빨리 나를 죽여 주시기를 청합니다." 약노는 지나친 고문과 문초로 거짓 자백을 한 것이었다. 결국 약노는 귀가했고, 도중에 먹을 죽과 밥을 주게 하였다. (세종 15/07/19, 1433)

9. 우국이세 혜각존자(祐國利世 慧覺尊者) 법호 수여

1450년 2월 17일 세종의 서거에 정인지는 해동요순(海東堯舜) 세종의 한평생을 정리했다.

"임금은 슬기롭고 도리에 밝으매, 마음이 밝고 뛰어나게 지혜롭고, 인자하고 효성이 지극하며, 지혜롭고 용감하게 결단하며, 합(閤)에 있을 때부터 배움을 좋아하고 부지런하여 손에서 책이 떠나지 않았다. … 처음으로 집현전을 두고 글 잘하는 선비를 뽑아 고문으로 하고, … 문과 무의 정치가 빠짐없이 잘 되었고, 예악(禮樂)의 문(文)을 모두 일으켰으매, 종률(鍾律)과 역상(曆象)의 법 같은 것은 우리나라에서는 옛날에는 알지도 못하던 것인데,

훈민정음은 어떻게 만들어 졌는가

모두 임금이 발명한 것이고, 구족(九族)과 도탑게 화목하였으며, 두 형에게 우애하니, 사람이 이간질하는 말을 못 하였다. … 거룩한 덕이 높고 높으매, 사람들이 이름을 짓지 못하여 당시에 해동요순이라 불렀다. 늦으막에 비록 불사(佛事)로써 혹 말하는 사람이 있으나, 한 번도 향을 올리거나 부처에게 절한 적은 없고, 처음부터 끝까지 올바르게만 하였다." (세종 32/02/17, 1450)

해동요순으로까지 칭해지는 대왕에 대한 실록의 기록은 인색하고 편협하기 짝이 없다. 예악과 시계, 천문을 암시하는 언급은 있지만, 오늘날 다수가 국보 1호로 하기에 마땅하다고 여기는 훈민정음에 대한 언급은 전혀 없다. 그토록 중요하고 위대한 세종의 훈민정음 창제 업적을 간과하다니! 그러니 '일개 승려' 신미의 역할을 지워버리는 일은 쉽게 자행되었을 것 같다. 세종 대에는 정치, 경제, 문화, 사회 전반에 걸쳐 기틀을 확립한 시대로, 집현전을 통해 많은 인재가 배출되었고, 의례 제도가 정비되었으며, 다양한 편찬 사업이 이루어져 문화 발전의 원동력이 되었다. 또한 훈민정음의 보급, 농업과 과학기술의 발전, 의약 기술과 음악 및 법제의 정리, 공법의 제정, 국토의 확장 등 모든 분야에 걸쳐 국가의 기틀을 확고히 하였기 때문이다(박영규, 『조선왕조실록』).

튼튼한 국방력이야말로 국가의 안녕과 발전에 필수적이다.

세종조 초기에 대마도를 정벌하여 왜구의 노략질을 일소시킨 이종무(1360~1425)와 세종 후반기에 두만강 주변에 6진을 개척하여 압록강, 두만강을 경계로 국경을 확장한 김종서(1390~1452)가 큰 역할을 했다는 것은 잘 알려져 있다. 이종무는 대마도에 진입하여 129척의 선박을 노획하였고, 가호 약 2,000호를 소각하고, 적군의 수급 114급을 참수했다. 대마도 정벌 후, 대규모의 왜구는 사라졌으며, 이를 통해 조선은 평화 시대의 기틀을 마련할 수 있었다. 김종서의 6진 개척은 압록강 상류의 4군 설치와 더불어 세종의 훌륭한 업적으로, 이를 계기로 두만강과 압록강 이남으로 국경을 확정할 수 있었고, 고려시대 이후 끊임없이 계속되던 여진족의 내침을 저지할 수 있었다. 이 당시 세종은 여진인을 포함한 변방의 이민족들에 대한 호구조사를 실시하여 군사상으로 우위를 점하는 기초를 마련했다(김주원, 『훈민정음』; 세종실록; 세종 19/09/25, 1437)는 것인데, 이로 보아서도 얼마나 치밀하고 효과적인 대책을 세웠는지 알 수 있다.

훈민정음은 어떻게 만들어 졌는가

〈그림 14〉 압록강과 두만강의 국경 확정도

　인쇄술도 큰 발전을 했다. 태종은 1403년 놋쇠를 부어 활자를 만들게 하였는데, 바로 계미자이다. 1420년(세종 2년) 경자자가 만들어졌고, 1434년(세종 16년) 갑인자로 개량하였다. 서양의 구텐베르크가 1434년 인쇄술 연구를 시작하여 1440년 금속 인쇄술을 완성한 것보다 앞선 것이다.

　대체로 아버지가 너무 잘나면 자녀들과 갈등이 생기는 경우가 많은데, 대왕은 자녀들과도 사이가 좋았다는 점 역시 자랑할 만한 리더십이리라. 아마도 세종의 긍정과 대화·소통의 리더십이 자녀들에게도 작용한 것 같다.

함길도 경력(經歷) 이사철(李思哲)이 하직하니, 불러 보고 말하기를, "… 네가 학문에 힘쓰는 것을 깊이 아름답게 여겨 내가 오래도록 집현전에 두고자 하였으나, 너는 시종(侍從)한 지가 오래되어 나의 지극한 마음을 아는 까닭에, 특별히 너를 보내어 그 임무를 전적으로 맡기는 것이니, 너는 가서 게을리하지 말라." 하니, 사철이 아뢰기를, "소신이 본디부터 사물(事物)에 정통하지 못하와 잘못 그르칠까 두렵습니다." 하매, 임금이 말하기를, "너의 자질(姿質)이 아름다움을 아노니 하지 않으면 그만이거니와, 만약 마음과 힘을 다한다면 무슨 일인들 능히 하지 못하리오." 하고, 이어 활과 화살을 하사하였다. (세종 22/07/21, 1440)

신하에게까지 긍정적 마인드를 심어준 이런 단적인 예만 보아도 세종이 어떤 성품이며, 어떻게 일처리를 하는지 느낄 수 있다. 자녀들과의 관계 역시 그랬을 것이며, 그랬기에 아들딸들이 훈민정음 창제를 포함한 협조에 적극적이었다는 것을 역사의 기록으로 깨달을 수 있다.

세종의 병환이 더욱 악화되자, 세종 32년(1450) 정월, 구병수륙재(救病水陸齋)가 열렸고, 세종은 신미를 침실 안으로 불러들였다.

임금의 병환이 나았는데도 정근(精勤)을 파하지 않고 그대로 크게 불사(佛事)를 일으켜, 중 신미(信眉)를 불러 침실 안으로 맞아들여 법사(法事)를 베풀게 하였는데, 높은 예절로써 대우하였다.

(세종 32/01/26, 1450)

세종은 신미의 훈민정음 창제의 공헌에 대한 고마움의 표시로 복천암에 금동아미타삼존불(아미타불, 관세음보살, 대세지보살)을 조성케 하고 시주했으며, 시호를 하사하기 직전 돌아가셔서 문종이 세종의 유훈을 실천한다.

신미에게 선교종도총섭 밀전정법 비지쌍운 우국이세 원융무애 혜각존자(禪敎宗都摠攝 密傳正法 悲智雙運 祐國利世 圓融無碍 慧覺尊者)라는 법호를 내렸다. "신미는 선(禪)과 교(敎)를 이끌 역량을 지녔으며, 은밀히 불교의 바른 법을 전했고, 자비와 지혜를 동시에 운용할 줄 알았으며, 나라를 돕고 세상을 이롭게 했으며, 매사 원만하고 걸림이 없으며, 지혜와 깨달음을 갖춘 거룩한 존자(尊者)이다." (문종 즉위년/07/06, 1450)

〈사진 24〉 혜각존자에게 내려진 26자 시호 (한국학중앙연구원)

밀전정법(密傳正法, 바른 법을 비밀리에 전했다), 그리고 우국이세(祐國利世), 즉 나라를 돕고 세상을 이롭게 한 것은 과연 무엇을 의미하는가? 이를 들은 관료들의 놀라움이 실록에 적혀 있다.

금란지(金鸞紙)에 관교(官敎)를 써서 자초폭(紫綃幅)으로 싸서 사람을 보내어 주었는데, 우리 국조(國朝) 이래로 이러한 승직(僧職)이 없었다. 임금이 이 직을 주고자 하여 일찍이 정부(政府)에 의논하고, 정부에서 순종하여 이의가 없으므로 마침내 봉작(封爵)

　　　　　　　　　　　　　　훈민정음은 어떻게 만들어 졌는가

하게 되었는데, 들는 사람이 놀라지 않는 이가 없었다. (문종 즉위
년/07/06, 1450)

　유교를 국시(國是)로 삼은 조선에서 웬 승려에게 이렇게 엄청
난 법호를 내리는가? 도무지 이해되지 않는다는 것이다. 문종의
이 법호 수여는 6개월 이상 격렬한 논쟁을 불러일으킨다. 특히
우국이세 및 혜각존자란 호칭이 반발을 일으켰는데, 존자(尊者)
라는 칭호는 국사(國師)에게 내려준 최상급의 존호였기 때문이다.
세종이 죽기 전에 신미가 쌓은 4년의 공적, 소헌왕후 장례식 등
도 있었지만, 그런 일에는 신미 외에도 많은 승려가 참여했다. 억
불숭유의 그 서슬퍼런 시대에 허투루 법호를 하사하진 않았을
것이다. 세종이 누구인가? 21세에 국왕이 되어 새벽에 기상하
여 밤늦게까지 초인적으로 정사(政事)를 지속해 온 그야말로 정치
10단의 대왕이었다!

　세종대왕은 이런 격렬한 항의를 예상하였을까? 그럼에도 유
언으로까지 이런 법호를 내린 배경에는 그만한 합당한 이유가
있었으리라. 논리적으로나 상식적으로나 이는 훈민정음 창제를
도운 공로이다! 그 이외에는 달리 설명할 방법이 없다. 그리고 그
런 합당한 이유에 대한 대왕의 의리(義理)에 감복하지 않을 수 없
다. 모든 걸 왕(王) 혼자만의 공로로 안고 갈 수도 있었다. 그러나

세종대왕은 그러지 않았다. 문종 역시 아버지의 뜻을 충실히 따랐다. 혜각존자라는 법호에는 신미가 훈민정음 창제에 협찬한 공로에 대한 세종의 보답이라고 해석하면 설명이 자연스럽다. 밀정전법 의미도 은밀히 훈민정음 창제와 관련된 문법을 전하고 발전시켰다고 해석할 수 있지 않을까?

문종이 언급한 26자의 법호를 내리자, 많은 유신(儒臣)들이 항소하였다. 하위지를 비롯해서 적어도 11건의 상소가 나온다.

> 장령 하위지(河緯地)가 아뢰기를, "지금 산릉(山陵)이 이미 끝나고, 전하가 비로소 만기(萬機)를 처리하시니, 안팎이 눈을 비비며 간절히 유신의 정치를 바라고 있습니다. 그런데 처음 정사(政事)에서 간사한 중[僧]에게 존호(尊號)를 내리시었으니, 바르지 못한 것이 이보다 더 큰 것이 없으므로 신 등은 놀라워 마지 아니합니다. 청컨대 이 명령을 거두소서. … " 하위지의 상소문에 임금(문종)이 말하기를, "신미에 대한 칭호는 선왕께서 정하신 것이다. 다만 미령(未寧)하심으로 인하여 시행하지 못하였을 뿐이요, 내가 한 것이 아니다." 하위지가 다시 아뢰기를, "신미에 대한 칭호는 비록 선왕의 뜻이라 하더라도 전하가 첫 정사 첫머리에 거행하시니, 바깥사람들이 누가 전하께서 높이고 중하게 여긴다고 하지 않겠습니까?" 임금이 말하기를, "신미의 칭호는 선왕

의 뜻이매 이미 행하였으니, 도로 빼앗을 수 있는가?" (문종 즉위년 07/08, 1450)

특히 박팽년(1417~1456)의 상소가 가장 길고 격렬하였다. 신미에게 우국이세 혜각존자라는 법호를 주는 것에 반대하는 상소문을 올린다.

"신 등은 대간(臺諫)에서 신미의 일을 논하여 윤허를 얻지 못하였다는 것을 듣고, 분격함을 이기지 못하여 죽음을 무릅쓰고 아룁니다. …후세의 인주(人主)가 불법(佛法)을 존숭하고 혹 망령되게 중에게 준 자가 있으나, 이것으로 말미암아 간흉 교활한 난신(亂臣) 적자의 무리가 남의 집과 나라를 패망시킨 것이 많습니다. 신미는 간사한 중입니다. 일찍이 학당에 입학하여 함부로 행동하고, 음란하고 방종하여 못하는 짓이 없으므로, 학도들이 사귀지 않고 무뢰한으로 지목하였습니다. 그 아비 김훈이 죄를 입게 되자, 폐고(廢錮)된 것을 부끄럽게 여겨 몰래 도망하여 머리를 깎았습니다. … 이 중은 참을성이 많고, 사람을 쉽게 유혹하며, 밖으로는 맑고 깨끗한 듯이 꾸미고, 속으로 교활하고 속이는 것을 감추어, 연줄을 타서 이력저력하여 궁금(宮禁)에 통달하였으니, 이것은 참으로 인군을 속이고 나라를 그르치는 큰 간인(姦人)입니다. 만일 큰 간인이 아니면, 어찌 선왕을 속이고 전하를 혹하게 하는 것이 이와 같은 데에 이르겠습니까? 만일 이 거조가 선왕께서 나왔다고 한다면, 선왕이 이 중을 아신 것이 하루가 아닌데, 일찍이 이 의논을 내지 않으시었으니, 어찌 공의(公議)가 있는 일은 인주(人主)도 경솔히 할 수 없기 때문이 아니겠습니까? 지금 전하께서 어찌 감히 선왕도 경솔히 하지 못한 일을 단행하며 의심하지 않습니까? 비록 선왕이 이미 이 일을 하시었다 하더라도, 전하께서 공의(公議)로 고치는 것이 대효(大孝)가 되는 데에 해롭지 않습니다. 하물며 선왕이 감히 미처 하지 못한 것을 갑자기 호를 주어 그 책임을 선왕에 돌리는 것이 가합니까? 인주는 한 번 찡그리고 한 번 웃는 것도 아껴야 하고, 우국이세(祐國利世)란 칭호는 비록 장상(將相)과 대신(大臣)에게 주더라도 오히려 조정과 함께 의논하여 그 가부를 살핀 뒤에 주어야 하는 것인데, 하물며 노간(老奸)이겠습니까? 그가 우국이세하지 못할 것은 사람마다 다 알 뿐만 아니라, 또한 전하께서도 스스로 믿으실 것입니다. 어째서 감히 무익한 일을 하여 만대의 웃음거리를 만드십니까? 하물며 전하께서는 새로 보위(寶位)에 올라서 안팎이 촉망하고 있으니, 마땅히 하루하루를 삼가서 한 호령을 내고 시행하는 것을 모두 지극히 공정한 데서 나오기를 기약하여, 조종(祖宗)의 사업을 빛내고 키워야 하는데, 어째서 간사한 말에 빠지고 간사한 중에 유혹되어, 지극히 높은 칭호를 주어 그 도를 고취하십니까?

… 이 칭호가 한 번 나오자, 그 무리가 은총을 빙자하고 독수리처럼 떠벌리고 과장하여 못하는 짓이 없으며, 어리석은 백성들이 또한 존자(尊者)로 봉한 것을 보고 이것이 진짜 부처라 하고 미연히 쏠려 가니, 얼마 안 가서 이적(夷狄)의 금수가 되지 않겠습니까? … 엎드려 바라건대, 전하께서는 확연히 강한 결단을 돌이키어 간사한 자를 버리기를 의심하지 말고, 급히 내리신 명령을 거두시고, 먼 변방에 물리쳐 두어서 시초를 바루는 도를 삼가시고, 일국 신민의 여망에 부합하게 하소서." 하였다. 소(疏)가 올라오니, 임금이 승정원에 이르기를, "상소 안에 말한 선왕을 속이고 전하를 미혹하게 하였다는데, 속인 것은 무슨 일이며, 미혹한 것은 또 무슨 일인가? 또 선왕을 속일 때에는 어째서 간하지 않고, 지금에야 이런 말을 하는가? 또 신미(信眉)가 아비를 죽였다는 말은 어디에서 들었는가? 이 무리를 불러서 딴 곳에 두고, 하나하나 추궁하여 물어서 아뢰어라." (문종 즉위년/07/15, 1450)

처음에 집현전에서 상소하기를 의논할 때, 직제학 최항(崔恒)과 직전 이석형(李石亨)·성삼문(成三問) 등은 이러한 과격한 논조에

동의하지 않았기에 이 의논에 따르지 않았다.

　신미가 어릴 때 학당에 입학해 함부로 행동하고, 음란 방종해 못하는 짓이 없다고 했으나, 상식적으로 생각해도 만 13세(1416년)에 무엇을 했단 말인가? 한창 혈기방장한 중2의 나이에 억울한 일을 당한 것에 대한 반발심이 있을 수는 있어도, 김수성(金守省)은 집안의 결정에 순종하고 출가하여 함허당 득통의 제자가 된 과정에 불과한 설명이다. 박팽년은 신미보다 14살 연하였으므로, 동문수학이라고 하기엔 태어나기도 1년 전이었다. 세종의 치적이 당 태종에 못지않은 성대(聖代)라고 평가한 박팽년은 자신도 이런 이상적인 정치를 베푸는 시대를 함께하고 있다고 자부하고 있었다(박팽년, 扈從淸州, 次醴泉縣板韻. 『朴先生遺稿』, 박해진 p.62). 그런 그가 느낀 '차별'과 '불평등'은 참을 수 없는 분노를 자아냈는지도 모른다. 당대의 요순임금이라고 칭했던 세종이 신미를 총애하는 사실에 엄청난 시기와 질투를 느낀 것 같다.

　"지금 전하께서 어찌 감히 선왕도 경솔히 하지 못한 우국이세 법호 수여를 단행하십니까?" "왕은 한 번 찡그리고 한 번 웃는 것도 아껴야 하고, 우국 이세(祐國利世)란 칭호를 노간(老奸)에게 주십니까?" 하며 따진다. 사실은 세종이 신미를 판선교종사(判禪教宗事)로 삼으려고 했지만, 마침 신미가 병환이 있었기에 이루지 못하고 늦추어진 것이다.

"선왕께서 신미에게 판선교종(判禪敎宗)을 제수(除授)하려고 하여 일의 계획이 이미 정해졌는데도 마침 신미가 질병이 있어 그대로 되지 못하였으니, 금일에 제수하는 것이 어떻겠는가? … 또 각처에서 정근(精勤)하고 기와를 굽는 중들에게도 또한 금일에 관직을 제수하는 것이 어떻겠는가?" 하니, 여럿이 아뢰기를, "이것은 기한에 맞추어 할 일이 아니니, 졸곡(卒哭) 후에 관직을 제수하더라도 늦지는 않을 것입니다." 하였다. (문종 즉위년/04/06, 1450)

세종께서 건강이 좋지 않아 미처 수여하지 못하여 유언을 내린 것으로, 사후(死後)에까지 실천 의지를 지켰다. 세종대왕이 누구인가? 요순을 뛰어넘는 성군(聖君)이 조선 최대 최상의 명예로운 법호를 허투루 수여하겠는가? 그 업적에 마땅한 대우를 실천한 것이다. 그리고 그것은 훈민정음 창제에 대한 공로임에 틀림없다. 집단지성의 대표자에 대한 공로일 수도 있다.

선왕이 승하하신 처음을 당하여 대소(大小)가 분주하고, 비록 종친과 대신의 늙고 병든 자까지도 모두 말에서 내려 걸어서 외정(外庭)에 나오는데, 이 중은 편안히 말을 타고 조사(朝士, 신하)를 밀치고 바로 궐문으로 들어오니, 보는 사람이 누가 통분하지 아말을 타고 관리를 밀쳤다면 크게 다치지 않았겠는가? 어떻게 든지 비방하려고 혈안이 되어 있는 것 같다. 결국 박팽년은 이 상소문으로 파직되었다. 이런 엄청난 항소에도 불구하고 문종은 혜각존자에게 마땅한 대우를 하려 했지만, '숭유억불'의 사상으로 무장된 유학자들의 빗발치는 상소로 '우국이세(祐國利世)' 어구는 삭제된다. 이런 반대에도 불구하고 이 훈장을 수여한 분명한 이유가 있었다. 유학자들은 신미를 요승과 간승이라는 수식어로 폄하한다.

> "정음청을 혁파하고, 대자암 불사(佛事)를 정지하고, 요승 신미의 작호를 고치자는 따위의 일은 전번에 두세 번 군이 청하였으나 한 번도 유윤을 얻지 못하였습니다." 하고 간하였다. 임금이 말하기를, "너희들이 말한 바가 모두 족히 의논할 만한 것이 없는 일이다. 다만 신미와 정음청의 일만은 너희들이 심상하게 이를 말하나, 신미의 직호는 이미 고치었고, 정음청은 오늘에 세운 것이 아니라 일찍이 이미 설치한 것인데, 하물며 그 폐단도 별로 없는 경우이겠는가?" (문종 즉위년 10/28, 1450)

신미가 정음청에서 일하고 있었다는 내용이 실록에 적혀 있다. 성현의 용재총화에 신숙주와 성삼문 등으로 언급한 학자 가운데, 신미는 분명히 들어가 있는 것이다. 정음청은 세종 때 설치한 훈민정음과 관련된 일을 한 기관임은 틀림없는 사실이다. 한글 창제의 주역을 맡은 신미의 역할이 후대에 널리 알려지지 못한 데에는 유생들의 노골적인 흔적 지우기가 있었던 것 같지만, 실록을 편찬하는 과정에서 신미가 훈민정음 창제에 관여했다는 기록을 다 삭제할 수는 있었어도, 이것만은 깜빡 놓친 것이라고, 최시선은 그의 저서 『훈민정음 비밀코드와 신미대사』에서 날카롭게 지적한다. 불교 승려에 대한 의도적인 누락이나 삭제가 있었지 않나 생각된다.

실제로 『몽산화상법어약록언해』는 세조 13년(1467) 신미가 왕명(王命)에 따라 원나라 몽산화상 덕이(德異)의 불경인 법어를 한글로 번역한 불경언해서인데, 후에 출간된 성종 3년(1472)에 찍어낸 책에는 이름이 빠져있다. 학조는 세조 때 신미, 학열과 더불어 삼화상(三和尙)이라 불렀다. 학조가 원각사에 주석하고 있을 때, 유생들이 패악질을 벌이고, 심지어 학조에게 폭행까지 가했고, 유생들은 처벌받았다는 기록이 있다(성종 13/05/13, 1482; 성종 13/05/19, 1482; 성종 20/05/16, 1489). 설준은 간경도감에서 『월인석보』를 포함한 각종 언해 불전 사업에 참여했는데, 환속하여 갖은

핍박에 시달리다가 성종 20년(1489)에 살해당했다.

수양대군은 병약한 문종과 어린 단종이 신하들의 무차별적 공격에 밀리는 것을 보고 분노하면서, 왕권의 행사가 왕의 의지로 이루어지지 못하고 신하들의 권력에 휘둘리는 것을 보았다. 수양대군은 자신을 옥죄어 오는 위기를 느끼기도 했다. 이런 살벌한 분위기에서 신미의 훈민정음 창제 협찬은 비밀로 해야 했을 것이다. 그것이 신미도 살고, 세조도 살고, 훈민정음도 사는 길이었다!

수양대군은 왕이 왕다움을 행사하기 위하여 '계유정난'을 이룩해내었는지도 모른다. 불과 50여 년 전, 명 태조 홍무제의 4남 주체(朱棣, 후에 영락제)는 아버지 주원장(홍무제)이 사망(1392년)한 후, 2대 황제가 된 조카 건문제(建文帝)에 반발하여 '정난의 변(靖難之變)'을 일으켰고, 이 싸움은 3년의 내란으로 치달았다. 결국 1402년, 영락제가 승리하였는데, 건문제의 스승 방효유가 끝까지 항거하자, 그는 방효유의 친족, 외족, 처족을 비롯한 십족과 문인, 동지, 그의 서적을 탐독하는 인사들 847명을 모두 숙청하고, 집안의 여성들은 노비나 첩, 기녀로 보냈다. 그에 비하면 조선에서 일어난 삼촌과 조카 간의 왕권 다툼은 국가의 에너지를 덜 소모시키고, 갓 태어난 훈민정음을 지켜낸 방향으로 나아간 것으로, 그나마 다행한 일인지도 모른다.

『훈민정음 해례본』이 1940년 가까스로 발견된 것만 해도 그렇다. 양성지(梁誠之, 1415~1482)가 편찬 사업을 일으키고, 중요한 책과 병서 등을 철저히 보관하도록 상소한 기록이 있다. 『고려사지리지』를 제작한 양성지는 군사에 관련된 책 중에서 한문으로 된 책은 모두 없애거나 비밀스러운 곳으로 옮기고, 적이 알 수 없도록 언문으로 번역하여 쓸 것을 주장하였다.

　　남원군 양성지가 상소(上疏)하기를, "… 노신(老臣)이 잠잘 때나 밥먹을 때나 생각하여 보니, 오직 문예(文藝)에 대한 조그마한 재주가 있어서 조금이라도 홍조(洪祚)에 도움 되기를 바라며, 삼가 관견(管見) 12가지를 적어봤습니다. … 신이 그윽이 생각하건대, 서적을 깊이 수장하여서 만세(萬世)에 대비하지 않으면 안 되겠습니다. … 『삼국사기』·『동국사략』·『고려전사』·『고려사절요』·『고려사전문(高麗史全文)』·『삼국사절요(三國史節要)』와 본조(本朝) 역대의 『실록』, 그리고 『총통등록(銃筒謄錄)』·『팔도지리지』·『훈민정음』·『동국정운』·『동국문감(東國文鑑)』·『동문선(東文選)』·『삼한귀감』·『동국여지승람』·『승문등록(承文謄錄)』·『경국대전』·『경외호적(京外戶籍)』·『경외군적(京外軍籍)』과 제도(諸道)의 전적(田籍)·공안(貢案)·횡간(橫看), 그리고 제사(諸司)·제읍(諸邑)의 노비에 대한 정안(正案)·속안(續案) 등을 각각 네 건씩 갖추게 하는 외에 세 곳의 사고

(史庫)에 있는 긴요하지 않은 잡서들까지 모두 다 인쇄하게 하며, 또한 긴요한 서적들은 춘추관과 세 곳의 사고에 각기 한 건씩 수장하여 길이 만세에까지 전하게 하면 매우 다행하겠습니다."

(성종 13/02/13, 1482)

그는 실록의 보존에 핵심적인 역할을 했다. 당시까지의 실록, 즉 『태조실록』, 『정조실록』, 『태종실록』은 단지 필사본으로만 되어 있었지만, 그의 노력으로 『세종실록』부터는 필사본과 함께 활자본도 만들고, 그것을 춘추관과 외방 3사고(史庫, 전주, 충주, 성주)에 나누어 봉안하도록 건의한 것이다. 필자는 이런 기록을 대하면서 훈민정음을 포함한 책이 어딘가에 남아 있지는 않을까 꿈꾸어 본다.

혜각존자 신미의 법호 반대 상소·상언 일람

1450년 4월 6일 문종, 세종의 유지(遺旨)에 따라 신미의 승직 제수 제안
1450년 7월 6일 문종, 신미에게 선교도총섭 밀전정법 비지쌍운 우국이세 원융무득 혜각존자(禪敎都摠攝 密傳正法 悲智雙運 祐國利世 圓融無碍 慧覺尊者) 법호 봉작
　7월 8일: 사헌부 장령 하위지, 간승 신미의 존호 부당함을 상언
　7월 9일: 하위지, 선왕의 유지는 의리에 맞지 않는다고 상언. 문종은 왕사의 칭호는 불가하지만, 승직은 가하다고 대답
　7월 11일: 하위지, 세 번째로 문종을 면대. 미천한 중을 공경할 수 없으며, 승직

을 거두라고 직언. 밤늦게까지 논박.

7월 12일: 우정언, 홍일동. 간승의 법호는 있을 수 없는 일이라고 상소

7월 12일 하위지, 주상의 의혹을 풀지 못하였다고 항의.

7월 15일: 집현전 직제학 박팽년, "신미는 나라를 속이고, 임금을 속인 간인(奸人)"이라며 법호의 부당성에 대해 상소.

7월 16일: 사헌부에서 신미의 법호의 부당성과 우국이세의 근거 없음을 들어 상소. 문종은 박팽년을 파직함.

7월 17일: 대사헌 이승손, 집의 어효첨, 장령 신숙주, 하위지 등 법호 삭제 요청. 집현전에서 신미 법호의 부당성과 박팽년의 사면 요청.

7월 18일: 사간원에서 "신미는 한 개의 깎은 대가리"라는 폭언을 퍼부으며 박팽년의 사면을 요청. 문종은 우국이세는 재고하겠다고 물러남.

7월 22일 장령 하위지가 박팽년의 용서를 요청.

8월 7일: 문종, 우국이세를 도생이물, 혜각존자를 혜각종사로 수정

8월 26일: 집현전 부제학 신석조, 파직당한 박팽년의 복권을 요청하였으나 문종은 거부함.

9월 22일: 사헌부 장령 신숙주, '박팽년의 신미에 대한 논죄는 충분과 격의의 정직한 논의'라는 장문의 상소를 올려 박팽년을 구명. 문종, 박팽년의 고신을 돌려줌.

10월 12일: 과거시험에서 권람이 신미와 학열을 싸잡아 비난하는 대책을 씀. 문종은 제 4등에서 1등으로 올려 논란의 확산을 막음.

10월 28일: 안완경(安完慶)·어효첨(魚孝瞻)·신숙주(申叔舟)·하위지(河緯地)·이영구(李英耇)·윤면(尹沔) 등이 "정음청(正音廳)을 혁파하고, … 신미(信眉)의 작호(爵號)를 고치자는 따위의 일은 전번에 두세 번 굳이 청하였으나, 한 번도 유윤(兪允)을 얻지 못하였습니다."라고 불만을 말함.

논쟁에서 신하들에게 밀려서, 결국 우국이세(祐國利世)는 도생

이물(度生利物), 혜각존자(慧覺尊者)는 혜각종사(慧覺宗師)로 바뀌었다. 그러나 문종과 수양대군을 포함한 집단지성은 혜각종사라는 법호는 단 한 번도 쓰지 않았다. 훗날 간행된 각종 불경언해의 첫머리에도 '우국이세 … 혜각존자'로 쓰였다.

『조선왕조실록』의 기록으로 볼 때, 훈민정음 창제 과정은 매우 비밀스럽게 진행된 것으로 보인다. 완고한 유학자들(집현전 학사들도 포함)의 반대를 미리 차단하려는 세종의 조심성 있는 작전이 주효했으리라. 그도 그럴 것이 왕이 스스로 지었다고 해도 그렇게 반대하는데, 그들이 배척하는 승려와 함께 훈민정음을 만들었다고 하면 사용되기도 전에 기득권을 가진 유교 세력에 의해서 좌초되지는 않았을까? 이런 분위기는 『조선왕조실록』을 보면 충분히 이해되고도 남는다! 또한 모화사상에 젖어있던 당시 유생들에게는 새로운 문자를 만들어 중국의 미움을 사는 것으로도 바라는 바가 아니었으리라.

신미는 세종, 문종, 세조의 세 임금으로부터 마음으로 우러나오는 존경을 받았다. 조선왕조실록에 신미의 기사는 68번, 이름은 139번 등장한다. 첫 기록은 세종과 신미의 교류가 한창 지난 세종 28년(1446)이었으니, 실제로는 훨씬 많이 등장했을 것이다. 유신들은 신미를 간승·요승으로 폄훼하면서 무언가 걸리기만 해

훈민정음은 어떻게 만들어 졌는가

봐라 하면서, 눈에 불을 켜고 감시하고 있었을 때, 왕의 총애를 이용한 어떤 잡음이라도 있더라면 당장 성토되고 기록되었을 것인데, 그런 기록이 없다. 일례로 『세종실록』에 이런 기록이 있다.

사간원(司諫院)에서 아뢰기를, "훈련 주부 김수온이 이제 서반(西班)에서 동반(東班)으로 옮겨 임명되었사온데, 그 아비 김훈이 기왕에 불충을 범하였으므로 고신(告身)에 서경(署經)할 수 없나이다." 하니, 임금이 말하기를, "수온이 문과 출신으로 이미 동반을 지냈는데, 너희의 말이 늦지 아니하냐. 또 조정의 신하로서이 같은 흠절이 있는 자가 자못 많은데, 너희들이 그것을 다 쫓아낼 것이냐. 속히 서경(署經)함이 마땅하니라." 하였다. 수온의형이 출가(出家)하여 중이 되어 이름을 신미라고 하였는데, 수양대군 이유(李瑈)와 안평대군 이용(李瑢)이 심히 믿고 좋아하여, 신미를 높은 자리에 앉게 하고 무릎 꿇어 앞에서 절하여 예절을다하여 공양하고, 수온도 또한 부처에게 아첨하여 매양 대군들을 따라 절에 가서 불경을 열람하며 합장하고 공경하여 읽으니, 사림(士林)에서 모두 웃었다. (세종 29/06/06, 1447)

10. | 누가 훈민정음으로 기록을 남겼는가?

축구 경기 후, 우승한 팀은 인터뷰에서 "우리는 승리할 만한 자격을 갖추었다."라고 할 때의 의미는 실력과 자격에서 마땅히 승리할 능력을 가졌다는 의미일 것이다. 그렇다면 훈민정음 창제 후, 그에 마땅한 대접을 받아야 할 사람은 누구인가? 1) 세종대왕, 2) 왕의 자녀들, 3) 집현전 학자, 4) 신미를 포함한 집단지성.

이에 대한 답으로는 이들이 한글 창제 후, 어떤 일을 했느냐에 따라서 결정할 수 있을 것이다. 한글을 진정으로 사랑하고, 직접 사용하고, 사용을 독려하였다면 훈민정음의 공로자라 할 수 있을 것이다. 바로 『월인천강지곡』을 직접 짓고, 『석보상절』을 짓고, 『상원사 중창 권선문』을 쓰고, 한문 경전을 언문으로 번역한 당사자가 아니겠는가.

훈민정음 창제에 관여한 학자로 알려진 정인지, 최항, 박팽년, 신숙주, 성삼문, 강희안, 이개와 이선로 등 집현전 학사들의 이름은 초등학교 교과서부터 나온다. 그러나 그들이 훈민정음으로 남긴 기록은 하나도 없다. 그들이 그토록 힘들여 만든 글자였다면 어찌 하나의 필사본이나 책 기록 하나 남기지 않았는가? 그리고 그들은 왜 훈민정음 반포 및 언해와 관련된 언문청(정음청)의 폐지를 그렇게 주장했는지 묻지 않을 수 없다.

어떤 사실을 널리 알게 하는 가장 효과적인 방법은 시험과목에 포함하는 것일 것이다. 훈민정음을 반포한 지 3개월 후, 세종 28년(1446), 이과(吏科)와 이전(吏典)의 취재에 훈민정음을 시험하게 하였다. 이는 하급 관리인 서리를 선발하는 과목에서 훈민정음을 익힌 사람을 뽑으라는 것으로, 훈민정음의 보급을 위한 효율적이며 강력한 정책이 되었다.

> 이조에 전지(傳旨)하기를, "금후로는 이과(吏科)와 이전(吏典)의 취재 때에는 『훈민정음』도 아울러 시험해 뽑게 하되, 비록 의리는 통하지 못하더라도 능히 합자(合字)하는 사람을 뽑게 하라." (세종 28/12/26, 1446)

훈민정음 반포 이듬해, 함길도 자제에게는 먼저 훈민정음 시험을 통과하는 자에게 응시할 자격을 주도록 하였다.

이조(吏曹)에 전지하기를, "정통(正統) 윤 7월의 교지(敎旨) 내용에, '함길도의 자제로서 내시(內侍)·다방(茶房)의 지인(知印)이나 녹사 (錄事)에 소속되고자 하는 자는 글씨·산술·법률·『가례(家禮)』·『원 육전(元六典)』·『속육전(續六典)』·삼재(三才)를 시행하여 입격한 자를 취재하라.' 하였으나, 이과(吏科) 시험으로 인재를 뽑는 데에 꼭 6가지 재주에 다 입격한 자만을 뽑아야 할 필요는 없으니, 다 만 점수가 많은 자를 뽑을 것이며, 함길도 자제의 삼재(三才) 시 험하는 법이 다른 도의 사람과 별로 우수하게 다른 것은 없으 니, 이제부터는 함길도 자제로서 이과 시험에 응시하는 자는 다 른 도의 예에 따라 6재(六才)를 시험하되 점수를 갑절로 주도록 하고, 다음 식년(式年)부터 시작하되, 먼저 『훈민정음(訓民正音)』을 시험하여 입격한 자에게만 다른 시험을 보게 할 것이며, 각 관 아의 이과 시험에도 모두 『훈민정음』을 시험하도록 하라." 하였 다. (세종 29/04/20, 1447)

최윤덕, 이천 장군이 설치한 4군과, 김종서 장군이 이징옥, 황보인 등과 함께 함길도 지방의 여진족을 정벌하고, 두만강 유

훈민정음은 어떻게 만들어 졌는가

역에 설치한 6진을 설치하여 압록강과 두만강으로 새 국경을 확정하는 단계에서 언어의 통일이야말로 국가를 일원화시키는 확실한 방법이 되었을 것이다. 이런 점에서도 세종대왕의 심모원려(深謀遠慮)가 돋보인다. 이에 앞서 당시 함길도 국경 문제에 관한 세종의 대책에 관하여 김주원 교수의 통찰력 있는 분석을 인용한다(김주원, 2013).

함길도 도절제사에게 전지하기를, "… 이제부터는 경이 이런 뜻을 다 알아서, 홀라온(여진의 한 종족)에 왕래하는 사람에게 형편에 따라 그 부락의 강약, 그 관하 인구의 다소, 토지의 광협, 노정의 원근, 관작의 고하, 산천의 험하고 평탄한 것 등을 문의하여 모두 다 자세히 아뢰도록 하라. 홀라온뿐만 아니라, 그 근처에 머물러 살고 있는 … 여러 종류의 야인들도 위에서 말한 예에 의거하여 극비밀리 찾아 물어서 아뢰도록 하라. 또 건주 좌위(建州左衛)에는 범찰이며, 우위(右衛)에는 이만주가 있으나, 또 중위가 있는데 여기에는 어떤 사람이 있는지 마땅히 한꺼번에 물어서 아뢰라. 대저 가까운 이웃에 살고 있는 잡종 야인들의 종류를 나라에서 알지 않을 수 없고, 변방 장수들은 더욱 알지 않을 수 없으니, 경도 깊이 생각해서 될 수 있는 대로 널리 물어서 밀봉하여 아뢰도록 하라." 하였다. (세종 19/09/25, 1437)

세종은 국방의 중요성을 인식하고, 극비리에 야인들의 호구를 파악하였고, 나중에는 언어를 전파하여 한 나라로 동화시키는 과정을 차례차례 진행한 것이다. 언어와 문화처럼 국경을 확실하게 붙잡아두는 끈도 없을 것인데, 언어를 훈민정음으로 통일시켜서, 명실상부한 우리의 나라로 만드는 것이 필요했을 것이다.

신미의 동생인 김수온이 지은 『사리영응기(舍利靈應記)』는 세종 30년(1448) 12월 경찬회에 대한 기록이다. 내불당 조성과 경찬회의 과정을 정리한 것인데, 『사리영응기』 끝에 비구 명단과 정근에 입장한 이름이 남아 있는데, 정근 인명 중 한(韓)실두디, 박(朴)검둥, 현(玄)더대, 강(姜)막동, 전(全)똥구디 등 47명의 인명이 성(姓)은 한자, 이름은 훈민정음으로 표기되어 있다. 앞에서도 언급했듯, 인간은 자신의 이름을 남기길 원하고, 그들은 충실히 자신의 언문 이름을 남긴 것이다. 한자로는 표기할 수 없는 이름을 정음으로 표기함으로써, 정음이 한자보다 더 편리하고 음가를 더 정확히 표기하는 문자임을 보여주고 있다.

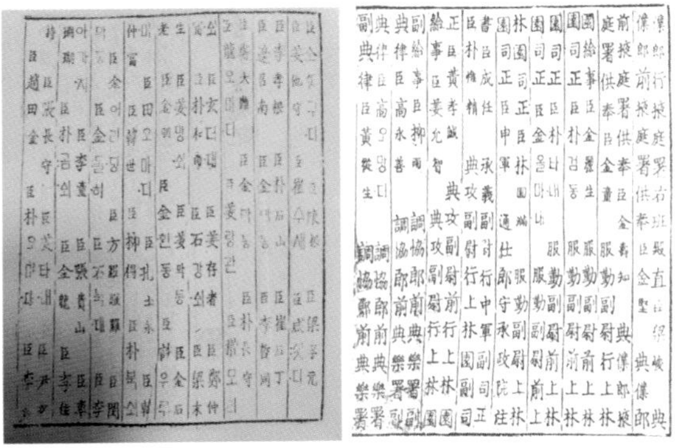

〈사진 25〉『사리영응기』 이름

　　백성이 훈민정음을 사용하여 남아 있는 최초의 기록은 흥미
롭게도 정승을 비판한 투서였다. 1449년 10월, 한 백성이 정승
하연에 대하여 "하 정승아, 또 공사를 망령되게 하지 말라."라고
벽에 썼다는 기록이다(세종 31/10/05, 1449). 일반 백성이 자기 의견
을 훈민정음으로 공표한 것이다.

　　윤대하고 경연에 나아갔다. 처음으로 『대학연의』를 강하였는
데, 임금이 동궁(東宮)에 있을 때, 서연관(書筵官)에게 명하여 『대
학연의』를 언자(諺字)로써 어조사를 써서 종실 가운데 문리(文理)
가 통하지 않는 자를 가르치려고 하였다. 이때 이르러 또 경연
관(經筵官)으로서 대독(對讀)을 하는 자에게 명하여, 경사(經史)의

운서를 널리 상고하여 주해를 달고 소간(小簡)에 써서 날마다 이를 아뢰게 하고, 임금이 주필(朱筆)로 친히 점을 더하거나 지웠다. (문종 즉위년 12/17, 1450년)

훈민정음을 활용할 것을 주청하는 기사는 『세조실록』에도 나온다.

예조에서 아뢰기를, "『훈민정음』은 선왕께서 손수 지으신 책이요, 『동국정운』·『홍무정운』도 모두 선왕께서 찬정하신 책이요, 이문(吏文)도 또 사대에 절실히 필요하니, 청컨대 지금부터 문과 초장에서 3책을 강하고 사서·오경의 예에 의하여 분수(分數)를 주며, 종장(終場)에서 아울러 이문도 시험하고 대책의 예에 의하여 분수를 주소서." 하니, 그대로 따랐다. (세조 6/05/28, 1460)

"매 식년(式年)의 강경할 때를 당하거든 사서를 강하고, 아울러 『훈민정음』·『동국정운』·『홍무정운』·이문(吏文)과 또 5경·여러 사서를 시험하되 …" (세조 6/09/17, 1460)

예조에서 성균관의 구재(九齋)의 법을 참정하고 아뢰기를, "매 계월(季月)에 예조 당상과 대성관이 성균관에 모여서 세 곳을 강

훈민정음은 어떻게 만들어 졌는가

하여 귀독(句讀)에 정(精)하게 익숙하고 의리에 널리 통하여 10품이 다 첫째 자리에 있는 자를 다음 재(齋)로 올리고, 아무 재(齋)의 생도라고 칭하게 하고, 역재(易齋)에 이르거든 3번 통하는 자는 매 식년에 바로 회시에 나가게 하소서. 또 식년에 거자(擧子)에게 사서·삼경을 강하게 할 때 다른 경서를 강하고자 자원하는 자와 『좌전』·『강목』·『송원절요』·『역대병요』·『훈민정음』·『동국정음』을 강하고자 하는 자도 들어주소서." (세조 10/09/21, 1464)

승정원에 전교하기를, "지난번에 판서 최항(崔恒)과 참의 한계희(韓繼禧)가 언문으로 『초학자회(初學字會)』의 주(註)를 달다가, 일이 끝나기 전에 두 사람이 모두 부모상을 당하였다. 지금 문신들을 모아 하루 안에 그 일을 마치려고 하니, 문신을 속히 뽑아 나의 친교를 듣게 하라." 하니, 동부승지 이극감(李克堪)이 아뢰기를, "무릇 일을 속히 하고자 하면 반드시 정(精)하지 못합니다. 신의 생각으로는 언문을 해득한 자 10여 명을 택하여 기일(期日)을 정하고 이를 시키면, 공력을 쉬 이룰 수 있고, 일도 또한 정할 것입니다." 하니, 중추 김구(金鉤)와 참의 이승소(李承召)에게 명하여 우보덕 최선복(崔善復) 등 12인을 거느리고 찬하게 하였다. (세조 4/10/15, 1458)

『초학자회(初學字會)』는 우리나라 최초의 한글 자전으로, 백성들의 한글 교육을 위해 전국으로 배포되었다. 남아 있는 유물 없이 그저 책의 이름만 알려져 있었으나, 2017년 연세대학교 국문과 홍윤표 교수가 일부분을 찾아냈다. 훈민정음 창제 직후, 불과 10여 년 후에 만들어진 것으로, 국어사적 연구 가치가 매우 높은 문화재라 할 수 있다.

세조 10년(1464), 성균관 유생들의 교육과정에 훈민정음도 강의하는 과목으로 포함하자는 건의가 나온 것이다. 세종대왕이 손수 지은 『월인천강지곡』이야말로 보배 같은 문자의 사용일 것인데, 나중에 세조가 언문 가사로 된 『월인천강지곡』을 듣고 눈물을 흘렸다는 기사가 있다.

> "… 임금이 사정전(思政殿)에 나아가 종친·재신·제장(諸將)과 담론하며 각각 술을 올리게 하고, 또 영순군 이부(李溥)에게 명하여 8기(妓)에게 언문 가사를 주어 부르도록 하니, 곧 세종이 지은 『월인천강지곡』이었다. 임금이 세종을 사모하여 묵연히 호조판서 노사신(盧思愼)을 불러 더불어 말하고, 한참 있다가 눈물을 떨구니, 노사신도 또한 부복(俯伏)하여 눈물을 흘리므로 좌우가 모두 안색이 변하였는데, 명하여 위사(衛士)와 기공인(妓工人)을 후하게 먹게 하였다. (세조 14/05/12, 1468)

〈사진 26〉 세조 어진

주역 구결의 보강 및 다른 경서의 구결이 와병 중인 세조의 주도하에 완결되었다. 세조는 1461년(세조 7년), 최항, 한계희 등 30명에게 명하여 누에고치 양잠에 관한 책인 『잠서』를 한글로 번역케 하였다.

> 지중추원사 최항(崔恒)·우승지 한계희(韓繼禧) 등 문신 30여 인에
> 게 명하여, 언자를 사용하여 『잠서(蠶書)』를 번역하게 하였다. (세
> 조 7/03/14, 1461)

이처럼 세조는 언문의 사용을 중요시하고 장려하였다. 왕위 계승을 둘러싸고 계유정난이라는 국가적 풍파가 휘몰아쳐 갔지만, 세조의 훈민정음 사랑은 우리의 언어를 지키는데 여간 다행한 게 아니었다. 만약 세조가 집권하지 않았더라면 훈민정음은 중도에서 탈락하거나 퇴보되었을지도 모른다.

신미 등은 오대산 상원사 중창을 기념하여, 세조 10년(1464) 12월 18일 오대산 『상원사 중창권선문』을 지었고, 세조는 이에 대한 화답으로 직접 친필로 쓴 상원사 어첩(御牒)을 전했다. 이 수결(手決) 필사본이 공식적으로 최초의 손으로 직접 쓴 한글 손 글씨로 알려져 있었다. 같은 날 서로 주고받은 것으로 기록되어 있다. 편지를 보내고 받는 과정이 시간이 흐르면서 진행되기 때문에, 상식적으로 생각하면 같은 날이 될 수는 없다. 그러므로 날짜까지 세밀히 신경을 쓴 것이라면 이해가 된다.

우리 성상(聖上)이 일찍이 천명(天命)을 받잡고 동녘 이상 국가를 다시 만드시니, 많은 백성이 다 평안한 삶을 누리며, 온 나라 안에서 다 평화를 누리고, 적은 사람 큰 사람 없이 다 천지의 보살핌을 입으사 누군들 은혜 갚을 뜻 없는 이가 있사오리마는, 오직 산(山) 같은 은혜가 무거우시고 터럭만 한 힘은 작습니다. … 성상께서 이르시되, "승려들이 나를 위하여 가람을 지으려 하매, 나도 마땅히 도와서 백성과 함께 이 절을 넓히고자 한다.”
… 널리 원컨대, 모든 어진 시주 여러분과 모든 보고 듣는 기회
를 가진 분들은 다 선심을 내어 한결같이 보리심을 발하고 모
두 덕의 근원을 심어 위로는 성수무량하시며, 아래로는 큰 복
을 억만세에 길이 내려주사 현재와 미래에 다 이익하게 할지니
라. 세조 10년(1464, 천순 8년) 12월 18일. 상원사 중창 권선문. 신
미, 학열, 학조, 행담, 성민 합장(合掌).

“나는 일찍이 대군 시절부터 혜각존자를 만나 서로 도(道)가 맞
으며 화합하였다. 항상 속진(俗塵)의 길에서 나를 이끌고 깨끗함
을 지니게 하여 탐욕의 수렁에 빠지지 않게 하였다. 오늘의 나
를 있게 한 것이 어찌 신미대사의 공덕이 아니리요. … 스승이
나를 위해 마음 쓰는 것을 보니 나 역시 스승을 위해 감은(感恩)
하는 것이 사람의 도리가 아니겠는가.” (세조의 어첩 내용)

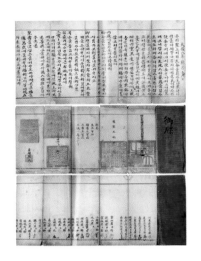

〈사진 27〉 상원사 중창 권선문: 신미, 학열, 학조와 세조의 어첩(가운데)

세조가 신미를 얼마나 극진하게 예우했는지를 보여준 예이
며, 한편으로는 소중한 훈민정음 기록이다. 이런 예우는 예종과
성종 대에도 계승·유지되었다. 한문 일색인 『조선왕조실록』에 신
미가 예종에게 훈민정음으로 써서 상소한 기록이 남아 있다.

신미가, 임금이 중들에게 『금강경』과 『법화경』을 강하여 시험
해서 능하지 못한 자는 모두 환속시키려고 한다는 말을 듣고,
언문으로 글을 써서 비밀히 아뢰기를, "중으로서 경(經)을 외는
자는 간혹 있으나, 만약에 강경(講經)을 하면 천 명이나 만 명 중

훈민정음은 어떻게 만들어 졌는가

에 겨우 한둘뿐일 것이니, 원컨대 다만 외는 것만으로 시험하게
하소서." 하니, 임금이 중사(中使)를 보내어 묻기를, "이 법은 아
직 세우지 않았는데, 어디서 이 말을 들었느냐? 내가 말한 자를
크게 징계하려고 한다." 하니, 신미가 두려워하며 대답하기를,
"길에서 듣고 급히 아뢴 것이니, 노승에게 실로 죄가 있습니다."
하니, 임금이 신미를 광평대군의 집에 거처하게 하고, 병졸들
에게 문을 지키게 하여 사알(私謁)을 금하게 하였다. (『예종실록』 1
년/06/27, 1469)

신미는 다른 유신들과는 달리 훈민정음을 사랑했기에 가능
했을 것이며, 여기서도 신미의 훌륭한 인격을 느낄 수 있다. 신미
에 관한 일화로는 다음과 같은 내용이 전해진다.

신미가 속리산 복천사에서 면벽관심(面壁觀心) 불도(佛道)에 정진
중, 겨울 밤중에 급히 암자의 문을 두드리는 소리가 났다.
"스님, 큰일났습니다." 이 절의 상좌승 몇이 헉헉거리며 말했다.
"무슨 일이냐?"
"도둑 떼가 침입하여 젊은 중들을 묶어놓고 창고를 털어가려
합니다." 이들은 사시나무 떨듯 몸을 떨며 말도 제대로 못 했다.
신미는 눈 하나 깜박하지 않고 태연했다.

"웬 호들갑이냐. 떨려면 도둑이 떨어야지 주인이 왜 떠느냐?"
이렇게 꾸짖고는 차분히 대책을 명했다.

"창고 문을 모두 열어놓고 마음대로 다 가져가라."고 했다. 상좌
승들은 신미에 대한 신뢰가 있었기에 반문하지 않고 그대로 했
다. 그들이 가서 전하니, 도둑들은 마음 놓고 콧노래를 부르며
쌀이며, 비단이며, 무명이며, 기명 등 닥치는 대로 멜빵이 끊어
지도록 힘껏 짊어지고 도망쳤다.

신미는 도둑들이 재물을 훔치는 것만이 목적이었다면, 칼과 몽
둥이를 사용하여 해를 가하고 더 빨리 끝낼 수 있었는데, 힘들
여 젊은 중들을 묶어놓고 나서 도둑질을 하는 것을 가상(嘉尙)
하게 여겼다. 극악함으로 넘어가지 않는 자들은 악한 행위를 할
지라도 쉬이 돌아올 수 있다. 신미는 저들이 정당하지 않은 재
물로 금생(今生)에 받은 어려움 극복의 수도과업(修道課業)을 저버
리지 않기를 기도했다.

긴긴 겨울밤이 뽀얗게 새도록 구슬땀을 흘리며 허둥지둥 도망
을 쳤는데, 이것이 웬일인가 밤새도록 죽을힘을 다하여 도망쳤
건만 법주사 경내를 벗어나지 못했다. 결국 밤새도록 법주사만
뺑뺑 돈 셈이다. 신미의 도력에 잡힌 것이다. 이에 놀라고 당황
한 도둑 떼는 겁에 질려 솜같이 나른한 몸을 이끌고 신미 앞에
나가 살려달라고 애원하며 용서를 빌었다. 그러자 신미는 태연

훈민정음은 어떻게 만들어 졌는가

히 도둑 떼에게 이렇게 말했다.

"너희들의 눈을 보니 모두 착한 사람이다. 이 순간이라도 사악한 마음을 버리면 부처가 될 수 있는데, 왜들 이러느냐? 마음을 올바로 잡아라."

이렇게 순순히 타이르는 대사의 자비로운 얼굴에는 춘풍이 만면하였다. 도둑들은 대사의 말에 감동하여 눈물을 흘리며 회개하였다고 한다.

성현의 용재총화에 신미의 자선적 행위가 기록되어 있다. "강원도 평해군(현재의 경북 울진군) 서쪽 백암산 밑에 온천이 있는데, 샘이 산등성 높은 곳에서 솟아 나온다. 샘물이 알맞게 따뜻하고 매우 깨끗하다. 중 신미가 큰 집을 짓고 쌀을 사들여 목욕하러 오가는 사람들에게 주었는데, 지금도 그때처럼 하고 있다."(『용재총화』 제9권, p.255~256, 1997, 민족문화추진회)

다시 본론으로 돌아가자. 『능엄경』에 적힌 수결 필사본이 1461년 이전에 쓰여진 것이라고 2015년에 알려졌다. 이는 세조 7년(1461)이니까, 『상원사 중창권선문』보다 적어도 3년 빠른 것이다. 그런데 흥미롭게도 둘 다 세조와 신미가 관여되어 있다.

〈사진 28〉 능엄경 본문 윗부분에 기록된 훈민정음 손글씨

세조 2년(1456) 6월 『구급방(救急方, 구급방언해라고도 함)』을 간행하여 과거시험의 교재로 채택한 것도 결과적으로 훈민정음 보급에 크게 이바지했을 것이다. 농서(農書)와 함께 의서(醫書)는 백성의 질병을 치료하고 생명을 구하는 긴급인 일이었기 때문이다.

성종은 백성이 병이 들거나 다쳤을 때, 쉽게 볼 수 있도록 한글로 『구급간이방(救急簡易方)』이라는 책을 펴냈다. 1433년 간행된 『향약집성방(鄕藥集成方)』이란 의서에서 절실한 것을 뽑아 한글로 펴냈다.

언해본 불서의 간행에 몰두했던 세조는 등극한 지 7년이 되

훈민정음은 어떻게 만들어 졌는가

는 해인 1461년에 간경도감(刊經都監)이라는 국가기관을 설치하여 불서 간행에 더욱 힘을 쏟았다. 이를 계기로 한글 경전의 간행을 전문인력이 체계적으로 추진할 수 있도록 하였다. 간경도감 간행의 언해본 불서들은 주로 대승불교 경전류와 선서류로, 간행작업은 첫 6년간 주로 이루어졌다. 『능엄경 언해』, 『법화경 언해』, 『선종 영가집 언해』, 『아미타경 언해』, 『금강경 언해』, 『반야심경 언해』, 『원각경 언해』 등이 간행되었는데, 이 책들은 이후 간행된 여러 언해서의 지침이 되어, '언해'라는 독특한 문체를 형성했고, 한문 문장을 한글로 옮기는 독창적인 번역 양식을 창안해 냈다. 간경도감 설치 이래 계속되던 유신들의 반대가 예조~성종 대에는 더욱 극심해졌다. 성종 즉위 초 대사간 김수녕 등이 극렬하게 혁파를 상소하는 등으로 어려움을 겪다가 성종 2년 (1471)에 혁파되고 말았다.

〈표 11〉 간경도감에서 간행된 불경 언해 목록

	서명	권수	역자 및 주해자	간행연도	비고(약칭)
1	대불정수능엄경언해 (大佛頂首楞嚴經諺解)	10	반자밀제역(般刺密帝譯), 계환해(戒環解), 세조 구결, 신미 교정	1462	능엄경
2	묘법연화경언해 (妙法蓮華經諺解)	7	구마라습역(鳩摩羅什譯), 계환해(戒環解), 일여집주 (一如集注), 세조 구결	1463	법화경

3	선종영가집언해 (禪宗永嘉集諺解)	2	현각찬(玄覺撰), 연정정원 수정(衍靖淨源修正), 세조 구결, 신미·효령대군 등 번역	1464	
4	금강반야바라밀경언 해(金剛般若波羅密經 諺解)	2	구마라습역(鳩摩羅什譯), 혜능주해(慧能註解), 세조 구결, 한계희 번역	1464	금강경
5	반야바라밀다심경언 해(般若波羅密多心經 諺解)	1	현장역(玄奘譯), 중희술(仲 希述), 세조 구결, 효령대군· 한계희 번역	1464	반야심경
6	불설아미타경언해 (佛說阿彌陀經諺解)	1	구마라습역(鳩摩羅什譯), 지의주석(智顗註釋) 세조 구결·역해	1464	아미타경
7	대방광원각수다라료 의경언해(大方廣圓覺 修多羅了義經諺解)	10	종밀소초(宗密所抄), 세조 구결, 신미·효령대군 등 번역	1465	원각경
8	목우자수심결언해 (牧牛子修心訣諺解)	1	지눌찬(知訥撰), 비현각결 (丕顯閣訣), 신미 번역	1467	
9	법어언해(法語諺解)	1	신미 번역	1467	
10	몽산화상법어약록언 해(蒙山和尙法語略錄 諺解)	1	신미 번역	1467 또는 1459~1460	각주 참고

참고: 한국민족문화대백과(한국중앙연구원)

이런 국가기구가 오래 지속되어 그 기능을 다양화하였더라면, 그리고 사서오경을 포함하여 유교 경전까지도 번역·간행했더라면 얼마나 좋았을까? 훈민정음으로 된 많은 서적이 간행되었더라면 문화가 더욱 꽃피고, 조선 사회는 더욱 건전하게 발전하

훈민정음은 어떻게 만들어 졌는가

지 않았을까? 일례로, 1460년(세조 6년) 어의(御醫) 전순의(全循義)의 식이요법서 『식료찬요(食療纂要)』가 간경도감 경상도 상주 분사(分司)에서 편찬되었다.

> 우찬성(右贊成) 손순효(孫舜孝)가 『식료찬요(食療撰要)』를 올렸다. 의원 전순의가 편찬한 것인데, 손순효가 일찍이 경상도 감사(監司慶尙道)가 되었을 때 상주(尙州)에서 간행하게 한 것이다. 전교하기를, "이 책은 보기에 편리하게 되어 있어서 내가 매우 가상하게 여긴다." 하였다. (성종 18/04/27, 1487)

유감스럽게도 정음청이 혁파된 것처럼, 간경도감 역시 사대주의(事大主義) 유학자들의 집요한 반대로 역사의 뒤안길로 사라진 것이다. 이러한 행동으로 보건대, 왕을 보필하는 유학자들의 눈에는 훈민정음의 사용이 '눈엣가시'처럼 여겨지지는 않았는지 의심하게 된다.

당나라 시인 두보의 시를 국역한 『두시언해(杜詩諺解)』 초간본이 왕명에 의하여 유윤겸(柳允謙) 등 홍문관 문신들의 작업으로 조선 성종 때(1481) 활자책으로 간행되었다. 그러나 이런 기획조차 이미 『세종실록』에 나와 있다. 여기서도 우리는 세종대왕이 얼마나 주도면밀한 왕인지 알 수 있다.

> 회암사(檜巖寺) 주지승 만우(卍雨)로 하여금 흥천사에 이주하도
> 록 명하고, 이어서 의복을 하사하고, 예빈사(禮賓寺)에서 3품 관
> 직에 해당하는 녹(祿)을 공급하도록 하였다. 만우는 이색(李穡)과
> 이숭인(李崇仁)을 만나 시를 논한 것을 들은 적이 있어서 시학(詩
> 學)을 알았는데, 지금 두시(杜詩)를 주해(注解)하게 되매 의심나는
> 점을 물어보고자 함이었다. (세종 25/04/27, 1443)

이는 훈민정음에 관련된 아주 중요한 기사로(박해진, 훈민정음의
길, p.606), 86세에 접어든 회암사의 중(僧) 만우(1357~미상)도 이에
참여하고 있었다고 추론할 수 있다. 세종 때, 주제별로 분류한
두보 시(詩)의 주석집 『찬주분류두시(纂註分類杜詩)』가 간행되었는
데, 이 책이 후에 만들어지는 『분류두공부시』의 바탕이 되었다.
만우와 신미의 관련 기록에 대해서는 아직 발견하지 못했지만,
두 분이 서로 알고 있었음은 짐작할 수 있다. 세종 29년(1447), 안
견의 독실한 후원자였던 안평대군(安平大君)이 꿈속에 도원(桃源)
을 방문하고 그 내용을 안견에게 설명하여 그리게 한『몽유도원
도』에 찬문(讚文)을 남긴 인물에 만우와 김수온이 포함되어 있는
데, 이때 만우의 나이가 만 90세로, 만약 연로하지만 않았다면

훈민정음은 어떻게 만들어 졌는가

『두시언해』도 추진되지 않았을까 추측해 본다.

　결국 『두시언해(杜詩諺解)』는 유윤겸(柳允謙), 조위(曺偉), 의침(義砧) 등이 조선 성종 때(1481) 활자책으로 언해·간행하였다. 유윤겸의 할아버지는 민무구(閔無咎)·민무질(閔無疾) 사건에 연루되어 죄를 입고, 아버지 유방선(柳方善)은 연좌죄로 관노가 되었다가 뒤에 사면되어 평민이 되는 억울한 생활을 하였다. 유윤겸은 두보시(杜甫詩)에 정통했기 때문에 1443년(세종 25년) 4월, 『두시언해』 편찬 사업에서 신분을 가리지 않고 두보시에 실력이 있는 사람을 뽑았을 때 벼슬이 없는 선비로서 두시의 찬주(撰註)에 참여하였다. 1455년(세조 1년) 과거 응시의 허락을 받아 1462년 별시 문과에 병과로 급제하였던 과거사가 있었다. 조위(曺偉, 1454~1503)는 조선 성종 때, 문과에 급제하여 호조참판에 이르른 학자이며, 의침(義砧)은 조선 성종 때의 승려이다.

　한글 창제에 관여한 세종과 왕자들, 불교 승려들, 집현전 학사들이 세상을 떠난 후 훈민정음의 연구·발전은 급격히 퇴조한다. 유감스럽게도 성종을 지나 왕권이 약화되면서 훈민정음은 점점 쇠퇴의 길로 갔다. 특히 연산군의 폭압 정치로 새 문자는 큰 박해를 받았다.

　다행히도 중종 때에 최세진(1468~1542)이 훈민정음을 널리 보급하고, 고유어나 한자의 동음표기, 중국어를 비롯한 외국어 발음 표기 수단으로 정음을 다시 정리하였다(정광, 2015 『한글의 발명』). 그는 『훈몽자회(訓蒙字會)』를 편찬하여 우리 한자음 연구와 한글의 보급에 크게 기여했다.

〈사진 29〉 최세훈의 훈몽자회

16세기 말 임진왜란 이후로는 구황, 질병, 무예 등의 실용 지식과 제도·법률에 대한 정보를 한글로 보급하기도 하였다. 국가나 기관 차원에서 대량으로 생산된 인쇄본들이 전국으로 퍼져나가면서, 한글은 지식의 보급과 공유의 중요한 도구가 되었다. 배움이 깊지 않을지라도 한글을 통하여 일상적 지식을 쉽게 알 수 있게 함으로써, 백성 스스로가 자신을 지킬 수 있는 바탕이 되었다.

훈민정음은 어떻게 만들게 졌는가

한글은 조선시대 여성과 아동 그리고 하층민을 주요 사용자로 보고 있지만, 사대부들도 적극적으로 사용했다(김인회). 한문과 한시는 그들의 정서를 표현하는 중요한 수단이었지만, 한글을 이용한 소설, 시조와 가사 또한 그만한 정서를 담아낼 수 있는 그릇이었다. 허균의 『홍길동전』, 김만중의 『구운몽』, 『사씨남정기』, 정철의 『속미인곡』, 윤선도의 『어부사시사』 등 주옥같은 작품들이 지어졌고, 전해졌다. 이황 같은 대학자도 직접 시조를 짓고, 한글의 장점을 지적했다.

> "오늘날의 시(詩)는 옛날의 시와 달라서 읊을 수는 있어도 노래할 수는 없다. 만약 노래를 부르려고 한다면 반드시 한글로 엮어 지을 수밖에 없다."(『퇴계집(退溪集)』 권43 陶山十二曲跋 "然今之時異於古之詩, 可詠而不可歌也. 如欲歌之, 必綴以俚俗之語").

조선시대의 한글 문학 중에서도 백미는 훈민정음 편지일 것이다(김슬옹, 훈민정음 p.58-61). 일반 백성뿐 아니라 왕실이나 양반·사대부들도 부인이나 자녀와 소통할 때 훈민정음을 많이 사용했다.

> 양녕대군 이제(李禔)가 언문으로써 짧은 편지를 써서 아뢰니, 그 뜻은 김경재(金敬哉)로 하여금 상경하여 그 딸을 시집보내도록

하기를 청하는 것이었다. 정부(政府)에 내려 의논하게 하였다. (문
종 1/11/17, 1451)

"안부를 그지없이 수없이 하네. 집에 가 어머님이랑 아기랑 다
반가이 보고 가고자 하다가 장수가 혼자 가시며 날 못 가게 하
시니, 못 가서 못 다녀가네. 이런 민망하고 서러운 일이 어디에
있을꼬? … 영안도(永安道) 경성(鏡城) 군관이 되어 가네. … 논밭
은 다 소작(小作) 주고 농사짓지 마소. … 또 봇논(洑) 모래 든 데
에 가래질하여 소작 주고 절대로 종의 말 듣고 농사짓지 마소.
… 집에 가 못 다녀가니 이런 민망한 일이 어디에 있을고, 울고
가네. 어머니와 아기를 모시고 다 잘 계시소. 내년 가을에 나오
고자 하네. … 회덕 온양댁 가인(家人)께 올림. 편지 벌써 자세히
즉시 다 받았소. 빨리 보내소."

바로 위의 글은 1490년에 나신걸(羅臣傑, 1461 1524)이 부인 신
창 맹씨(新昌孟氏)에게 보낸 친필 한글 편지로, 2012년 대전에서
종중 묘역을 이장하다가 발견되었다. 다음의 편지는 조선시대
선조 19년(1586), 안동에 살던 여인이 30세의 나이로 요절한 남
편 이응태(李應台, 1556~1586)를 그리며 쓴 편지로, 머리카락으로 만
든 미투리와 함께 무덤 속에 넣어놓은 것이다.

훈민정음은 어떻게 만들어 졌는가

원이 아버님께 올림

당신 항상 나더러 이르되 둘이 머리 새도록

살다가 함께 죽자 하시더니 어찌하여

나를 두고 당신 먼저 가시는가.

나하고 자식하고는 누구에게 구걸하여

어찌하여 살라 하고 다 던지고 당신 먼저 가시는가.

당신 날 향한 마음을 어찌 가졌으며

나는 당신 향한 마음을 어찌 가졌던가.

매양 당신더러 한데 누워서 내가 이르되

여보, 남들도 우리같이 서로 어여삐

여겨 사랑할까? 남들도 우리 같은가?

하여 당신더러 이르더니 어찌 그런 일을

생각지도 않고 나를 버리고 먼저 가시는가.

당신 여의고 아무래도 나는 살 수가 없으니

얼른 당신한테 가고자 하니 날 데려가소.

당신 향한 마음을 이 생에 잊을 줄이 없으니

어떻게 해도 서러운 뜻이 그지없으니

내 이 마음을 어디다가 두고 자식 데리고

당신을 그리며 살까 하나이다.

내 이 편지 보시고 내 꿈에 자세히 와 일러 주소.

내 꿈에 이를 보고 하실 말 자세히 듣고자 하여 이렇게 써넣네.

자세히 보시고 나더러 일러 주소.

당신 내 밴 자식이 나거든 보고 사뢸 것 있다며

그리 가시면 밴 자식이 나거든 누구를 아빠 하라 하시는가.

아무리 한들 내 마음이나 같을까. 이런 천지 같은 한이

하늘 아래 또 있을까. 당신은 한갓 그곳에 가

계실 뿐이지만 아무리 한들 내 마음같이 서러울까. …

내 꿈에 자세히 와 보이시고 자세히 일러 주소.

나는 꿈에서 당신을 보리라 믿고 있나이다.

몰래 모습을 보이소서 …

　이처럼 한글은 상황에 맞고 편리하게 사용되어 왔을 것이다. 이런 광범위한 사용은 한글이 한자에 비해 익히기 쉬운 편이성을 갖춘 문자이기 때문에도 가능했다. 게다가 범자와 티벳 문자는 가로 글자만 가능하고, 파스파 문자는 세로 글자만 가능하지만, 한글은 병서(並書, 가로쓰기)와 연서(連書, 세로쓰기) 모두 쓸 수 있는 문자로 만들었다. 더구나 가로쓰기는 좌에서 우로도, 우에서 좌로도 가능하다.

　그러나 『조선왕조실록』을 포함한 정부의 공식 문서는 한문

훈민정음은 어떻게 만들어 졌는가

(漢文)이었으며, 실학 역시 한문 일색이었다는 한계도 분명 있었다. 정약용의 수많은 저서 역시 한자로 되어 있다. 그런 가운데, 훈민정음을 찬탄하는 기사가 나온다.

대사헌 홍양호(洪良浩)가 상소하기를, "… 여섯째는, 화어(華語)를 익혀야 하는 일을 말하겠습니다. 대저 한인들의 말은 곧 중화(中華)의 정음(正音)입니다. 한번 진(晉)나라 시대에 오호(五胡)들이 서로 어지럽힌 이후부터는 방언이 자주 변하게 되고, 자음(字音)도 또한 위작(僞作)이게 되었지만, 그래도 그 유사한 것에 따라 진짜 음을 찾아낼 수 있습니다. 우리나라의 어음은 가장 중국의 것에 가까웠었는데, 신라와 고려 이래에 이미 번해(翻解)하는 방법이 없었기에 매양 통습(通習)하는 어려움이 걱정거리였습니다. 오직 우리 세종대왕께서 하늘이 낸 예지로 혼자서 신기(神機)를 운용하여 창조하신 훈민정음은 화인(華人)들에게 물어보더라도 곡진하고 미묘하게 된 것이었습니다. 무릇 사방의 언어와 갖가지 구멍에 나오는 소리들을 모두 붓끝으로 그려 낼 수 있게 되는데, 비록 길거리의 아이들이나 항간의 아낙네들이라 하더라도 또한 능히 통하여 알게 될 수 있는 것이니, 개물성무(開物成務)한 공로는 전대(前代)의 성인들도 밝혀내지 못한 것을 밝혀낸 것으로써 천지의 조화와 서로 가지런하게 된 것이라 할 수 있습니다. 이를 가지고 한음을 번해(翻解)해 나가면 칼을 만난 올이 풀리듯 하여, 이로써 자음(字音)을 맞추게 되고, 이로써 성률(聲律)도 맞추게 되었기 때문에 당시의 사대부들은 대부분 화어를 통달하게 되어, 봉사하러 나가거나 영조(迎詔)하게 될 적에 역관의 혀를 빌리지 않고도 메아리치듯 주고받게 되었던 것입니다." (정조 7년/07/18, 1783)

이런 편리성에도 불구하고, 한글을 법률, 칙령 등 공적 문서의 기본글자로 인정하고 '국문(國文)'으로 인정한 것은 고종이 왕으로 있던 1894년 11월부터이다.

"법률, 칙령은 모두 국문을 기본으로 하고 한문으로 번역을 붙이거나 혹은 국한문을 섞어 쓴다." (1894년 11월 21일, 고종 칙령 제1호 제14조)

현대는 디지털 시대이다. 컴퓨터와 스마트폰의 보급 이후, 모니터를 통하여 온갖 문자와 정보를 전달한다. 이제 문자는 인터넷이라는 정보의 홍수 속에서 자신이 원하는 정보를 찾고 대화하는 수단으로도 이용되고 있다. 효율적인 문자 체계와 편리한 디지털 기기 입력방식 덕택에 한글은 디지털 시대에 가장 빠르고 편리하게 정보를 입력할 수 있는 문자가 되었다. 한글은 음절 문자 및 음소문자의 두 특성을 갖고 있어서 음성인식 역시 더 빠르고 정확하다. 그리고 거의 온갖 발음을 다 소화할 수 있어서, 외국어 습득과 사용에도 편리하고 효과적이다.

소설가 펄벅은 "한글은 단순한 알파벳과 몇 가지 조합 규칙만으로 무한 수에 가까운 소리를 표현해 낼 수 있는 놀라운 언어다. 세종대왕은 한국의 레오나르도 다빈치!"라고 극찬했다. 다이아몬드(Diamond, 1994) 교수는 세계의 문자를 상형 문자, 음절 문자, 음소 문자의 세 부류로 나누고, 훈민정음이 지닌 1) 모음자와 자음자의 자형 상의 구분 용이성, 2) 자음자의 조음기관 상형성, 3) 종서와 횡서가 가능한 음절 상응의 사각 모형성이 문자의 세 부류가 가진 단일한 자질들에 해당된다는 점에서, 다음과 같이 말했다.

"한글은 세계에서 가장 훌륭한 알파벳이다. 한글은 음소 문자와 음절 문자의 장점을 가진 세계에서 유일한 문자다." (제레드 다이아몬드, Discover, 1994. 7)

"한글은 자질 체계(feature system)라는 세계 문자사에 유례가 없는 새로운 범주의 문자 체계에 속한다. 한글은 과학적으로 가장 뛰어난 글자로 한글은 신이 인간에게 내린 선물이다." (제프리 샘슨. 세계의 문자체계)

"한글은 보이지 않는 것을 보이는 형태로 상형하고, 음이 형태를 얻는 근원을 규정하고 선언한 것으로, 음소(音素)의 평면과 음절(音節) 구조의 평면을 통합한 언어이다." (노마 히데키)

오늘날 논란이 되는 한글날은 언제가 합리적인가? 훈민정음 창제가 세상에 공포된 것은 세종 25년(1443년) 음력 12월이고, 훈민정음이란 책이 간행된 것은 세종 28년 9월이었다. 그리고 세종 25년 당시의 문자 체계에 대한 구체적인 자료가 없어서, 그것이 과연 28년의 그것과 같은 것인지 확언할 수 없다. 또한, 최만리의 27자를 설명하는 항소문과 해례본의 28자 사이에 불일치, 세종 25년의 "자방고전(字倣古篆)"에서 세종 28년의 "상형이자방고전(象形而字倣古篆)"으로의 표현 변경을 포함하여 3년 동안에 다소의 수정이 있었던 것 같다. 결국 『훈민정음 해례본』이 간행된 것은 세종 28년 9월이었다 (是月, 訓民正音成. 御製曰, 國之語音, 異乎中國). 즉, 9월에 비로소 이루어졌다 (成). 논문으로 말하면 교정을 거치고 완성하여 출판된 시기를 발표일로 하므로 저자는 음력 9월

훈민정음은 어떻게 만들어 졌는가

상순, 즉 10월 9일이 맞을 것으로 생각한다. 그리고 『훈민정음』 과목의 최초 시험 실시는 앞에서도 언급한 것처럼, 『훈민정음 해례본』이 간행되고, 3개월이 지난 세종 28년(1446) 12월이었다(세종 28/12/26).

III. 맺음말

훈민정음은 세종과 신미를 포함하여 수많은 선각자의 피와 땀으로 만들어 낸 결과물이다. 훈민정음 창제야말로 백성을 위한 글자를 원했던 세종대왕과 중생을 교화할 글자를 원했던 신미를 포함한 집단지성의 합작품이라고 한다면 자연스러운 설명일 것이다. 그리고 그렇게 협력하여 언어를 완성한 것이 세종대왕 단독 창제설에 비하여 권위가 깎이는가? 협업하였다고 대왕의 권위가 깎이고 공적이 감소하는가? 불경(不敬)스러운가?

결코 아니다. 임금, 왕자들, 신하들의 조화로운 협력으로 인류의 값진 유산이 태어났다는 것이 더 아름답지 않은가! 오히려 왕과 신하가 서로 머리를 맞대어 연구하고 토의하고 매듭짓는 과정이 더 인간적이고 사랑스럽지 않은가! 숭유억불, 사대부의 서슬퍼런 시대의 그 지난(至難)한 과정을 극복하고 지휘한 대왕의 리더십이 더 위대하지 않은가! 그리고 그 어려운 과정을 수행한 집단지성의 헌신과 용기에 찬사를 보낼 수 있지 않은가! 이런 화합 정신이 후대 그리고 오늘날까지, 아니 먼 훗날에 이르기까지 우리 민족의 DNA에 녹아있는 정신이라면 어떤 유산보다도 값진 것이다. 그렇다! 조선의 정신은 끌어내리는 행위가 아닌, 협업과 창조로 이어진 시너지적 유산이 포함되어 있는 것이다! 세종대왕은 집현전 학사들에게도 역할을 주고 공로를 돌린다. 과연 대왕의 리더십은 편가르기나 분열이 아니라 모두를 아우르는 것이었다.

이 집단지성의 존재로 인하여 우리나라 역사에 아름답고 훌륭한 전통이 하나 더 추가되는 기여를 한 것이다. 즉, 왕과 신하들이 서로 머리를 맞대어 학문을 논하고 언어를 창조했다는 것이다. 훈민정음은 〈나랏말싸미〉 영화의 대사처럼, "복숭아씨가 몇 개 있는지는 누구나 알지만, 그 씨 속에 복숭아가 몇 개 들어있는지는 아무도 모릅니다. 언문은 다가올 세상을 위해 대왕께서 새기신 팔만대장경입니다."의 역할을 한 것이라고 감히 생각한다.

그렇다면 세종은 신미가 훈민정음 창제의 일등공신이라는

것을 왜 밝히지 않았는가? 신미를 포함한 집단지성이 실제 한글을 창제하였다는 그 사실을 밝힐 수 없었던 것은 숭유억불 정책으로 집현전 학사 중에 불교를 배척하는 학자들이 많았는데, 훈민정음 창제를 불교를 숭배하는 승려와 함께하였다면 그 당시 엄청난 상소와 반대를 불러일으켰을 것이다. 그랬다면 갓 태어난 훈민정음은 사용되기도 전에 거대한 역풍(逆風)을 맞을 비운(悲運)이었으리라. 훈민정음 창제에 도움을 준 집단지성은 당시의 서슬퍼런 유교 그룹에 의해 난도질 되었을지도 모른다. 그 은밀한 작업을 비밀로밖에 할 수 없었던 것은 세종이 훈민정음의 탄생을 지켜나가고, 또한 신미를 보호하기 위한 불가피한 선택이었으리라. 『조선왕조실록』에 보면 유신들은 틈만 나면 불교와 승려를 공격하였고, 신미를 호칭할 때도 간승이나 요승으로 불렀지, 존중하지 않았다. 계유정난을 거치긴 했지만, 신권(臣權)과 왕권(王權)의 경쟁에서 승리한 세조의 역할이 없었더라면 훈민정음은 사용에서나, 문헌 간행에서나 훨씬 위축되었을 것이다. 파스파문자가 몽골제국의 멸망과 함께 사라진 것과는 달리, 정말 다행히도 훈민정음은 생명을 유지하였다.

　단독 창제설의 배경에는 임금이 직접 한글을 창제하였다고 해야만 그 효과와 파급력이 크기 때문도 있었을 것이다. 당시에는 모든 공이 임금에게 돌려졌던 시대적 배경도 있었겠지만, 백

　　　　　　　　훈민정음은 어떻게 만들어졌는가

성의 입장에서도 무에서 유를 창조한 언어가 쉽게 이해되거나 다가오지는 않았으리라.

대왕을 향한 신미의 말 역시 인상적일 것 같다. "신(臣)은 이미 이름도 지우고 공(功)도 내려놓았사옵니다. 전하의 공덕을 영원히 높이는데 허물이 되고 싶지 않사옵니다." 신미는 이미 그 공을 받은 셈이 되었으리라. 왜냐하면 훈민정음 창제의 궁극적 목적은 만백성이 글을 깨우쳐서 진실을 바로 알게 하는 것처럼, 중생이 부처의 공덕을 깨닫게 하는 의미도 포함되어 있을 테니까. 그러나 세종대왕은 신미의 공을 그냥 지나치지 않았다. 마땅한 대우를 하려 했으나 건강이 허락하지 않아서 아들인 문종에게 유언을 남긴다. 대왕은 역사상 전무후무한 훈장이라고 할 수 있는 우국이세(祐國利世)에 보답하는 혜각존자(慧覺尊者)라는 훈장을 선물하였던 것이다.

세종대왕은 온갖 분야를 총지휘하였고, 수많은 분야에서 문화적 중흥이 이루어졌다. 대왕은 초기의 모세처럼 모든 것을 혼자 진두지휘하지 않았다. 적재적소에 사람을 쓴 용인술이 뛰어났다. 의견의 충돌이 있는 경우, 백성의 의견을 수렴하여 결론을 내었다. 이때 수많은 책자가 보급되었고, 장영실이나 박연 같은 학자도 활동하였고, 결과적으로 경제와 문화가 크게 발전한 계기가 되었다. 이런 배후에는 대왕의 확고한 지지와 지휘가 필수적이었으리라. 그리고 책임감 있는 대왕답게 공헌자에게 마땅한 시호를 내렸다. 과연 의리의 왕이었다!

지금 많은 석학들이 감탄하여 마지않는 훈민정음 역시 그렇지 않았을까? 대왕은 나라의 전체 일을 주도하셨고, 그 바쁜 국사의 와중에 훈민정음의 창제에는 별도의 집단지성 팀을 운영하였다고 할 수 있다. 이 사업이 성공하기 위해서는 세종의 탁월한 리더십이 필수적이었으리라. 대왕의 대단한 의지와 뚝심, 책임감, 그리고 실행력이 없었으면 불가능했을 것이다. 세종대왕이 신이어서, 천재여서 위대한 것이 아니라, 훌륭한 리더십을 실행한 것이 위대한 것이다.

그러나 영원한 비밀은 없다. 역사의 진실은 밝혀져야 한다. 다행히도 수수께끼의 해답은 곳곳에 남아 있다. 보통의 지능과 상식적인 추리력만 갖고 있다면 훈민정음 창제에 대한 신미의 역할을 충분히 깨달을 수 있을 것이다. 이제는 밝혀야 한다. 훈민정음 창제의 책임저자는 세종대왕이며, 제1 저자는 신미, 공동저자는 세자(문종), 수양, 안평, 정의공주, 학조, 학열, 수미, 김수온, 신숙주 등이라는 것을 밝혀야 한다.

논문이라면 다음과 같이 표현할 수도 있겠다.

백성(百姓)을 위하고 중생(衆生)을 교화할 글자 훈민정음 창제.

신미, 문종, 수양대군, 안평대군, 학조, 학열,

수미, 김수온, 정의공주, 효령대군, 신숙주,

정인지, 성삼문, 세종대왕

세종 28년, 1446년 9월 10일(음력)

책임저자: 세종대왕

다시 서론에서 언급된 퀴즈에 답해보자.

훈민정음은 누가 창제하였는가?

　① 세종대왕이 단독으로 창제하였다.

　② 세종대왕이 집단지성과 협력하여 창제하였다.

정답은 2번일 것이다. 그다음 질문, 즉 그 집단지성은 누구인가?

　① 집현전 학사들이 주도하였다.

　② 집현전 학사가 아닌 다른 그룹이 더 주도하였다.

　정답은 세종대왕이 총책임자로 지휘하였고, 그 실무는 집현전 학사들이 아닌, 신미가 주도한 승려들이었고, 또한 세종대왕 자녀들이 도와준 집단지성의 협력이 있었음에 틀림없다. 그리고 훈민정음이 창제되고 사용될 때는 집현전 학사, 특히 젊은 학자들 역시 가담했던 것으로 추정된다.

그렇다면 집단지성의 협찬이 있었다는 단서는 누가 제공했을까? 불교와 언어에 해박한 집단지성이 제공하였으리라고 생각하지만, 세종대왕 역시 단서를 남기라고 권유했을 것 같다. 대왕처럼 영특하고 자애로운 성격이라면. 그래서 우국이세 혜각존자라는 법호도 죽음을 넘어서까지 실천하지 않았겠는가!

- 고영근, 박금자, 고성환, 윤석민. 월인천강지곡의 텍스트 분석, 집문당. 2003.
- 고영근. 표준 중세 국어 문법론. 집문당, 2010.
- 김광해. 한글 창제와 불교 신앙. 2015
- 김만중. 서포만필. 김슬옹 조선시대의 훈민정음 발달사, 도서출판 역락 2012 p.288.
- 김무봉. 훈민정음 그리고 불경언해. 도서출판 역락, 2015. 12. 30.
- 김민수 외. 외국인의 한글 연구. 태학사, 1997.
- 김봉태. 훈민정음의 음운 체계와 글자 모양: 산스크리트·티벳·파스파 문자. 삼우사. 2002. 9. 25.
- 김수온. 복천사기(福泉寺記). 식우집, 영동문화원, 1988. 75-77.
- 김슬옹. 훈민정음: 해례본과 언해본의 탄생과 역사, 2023. 10. 9
- 김인회. 조선시대 사대부의 한글 사용과 의미, 2019.
- 김주원. 훈민정음, 사진과 기록으로 읽는 한글의 역사. 민음사, 2013. 9. 27.
- 김주원. 세계 여러 문자의 모음 표기 양상과 훈민정음의 모음자. 국어학, 2016, p.77-108.
- 김주원. 모음조화와 설축: 훈민정음해례의 설축에 대하여. 언어학, 1988, p.29-42.
- 노마 히데키. 한글의 탄생: 인간에게 문자란 무엇인가. 돌배게, 2022. 10. 9.
- 대반열반경, 이운허 옮김, 동국역경원 2021. 3. 22 개정판.
- Ledyard G. The Korean language reform of 1446. 1998.
- 박영규. 한 권으로 읽는 조선왕조실록. 웅진 지식하우스, 2003.
- 박해진. 훈민정음의 길- 혜각존자 신미 평전, 2015. 1. 2.
- 사재동. 훈민정음의 창제와 실용. 도서출판 역락, 2014. 10. 8.

- 안병희. 훈민정음(해례본) 3제. 진단학보 1993. p.173-197
- 안병희. 세조의 경서구결에 대하여. 규장각 7호, 서울대학교 규장각 한국학 연구원, 1983.
- 유근선. 석보상절과 월인천강지곡 제작의 선후 관계에 대하여 -한자음 표기를 중심으로- 어문학 63-86, 2014. 12.
- 이기문. 훈민정음 친제론, 1992.
- 이기문. 훈민정음 창제에 관련된 몇 문제, 1974.
- 이능화. 조선불교통사. 신문관, 1918.
- 임근동. 고려대장경의 실담문자: 유가금강정경석자모품의 문자배열과 음운을 중심으로. 남아시아연구 제29권 2호, 25-68, 2023.
- 정관 효담. 복천사지(福泉寺誌) 2011. 9. 15
- 정광. 훈민정음과 파스파 문자. 역락, 2012. 9. 30.
- 정광. 2022 한국어 연구사, 서울 박문사.
- 정광. 한글과 범자, 국어학, 2020; 12: 59-107.
- 정광. 비가라론과 훈민정음- 파니니의 8장과 불가의 성명기론을 중심으로. 한국어사 연구(국어사 연구회), 2016
- 최명재(崔明宰). 太虛亭 崔恒 先生 文集. 廣州文化院 2004, p.143-144.
- 최시선. 훈민정음 비밀코드와 신미대사. 2020. 8. 15.
- 프랜시스 후쿠야마. 역사의 종언. 한마음사. 1992. 11. 15.
- 허균(1569-1618). 사한전방서
- 허웅. 우리말 옛 말본.
- 허웅. 15세기 국어 맞춤법.

훈민정음은 어떻게 만들어 졌는가